DICTIONNAIRE

DES

TERMES DE MARINE

FRANÇAIS-ESPAGNOLS

ET

ESPAGNOLS-FRANÇAIS.

DICTIONNAIRE

DES
TERMES DE MARINE

FRANÇAIS - ESPAGNOLS

ET

ESPAGNOLS-FRANÇAIS;

Auquel on a joint un Traité de Prononciation pour chaque Langue.

DÉDIÉ A SON EXCELLENCE

MONSEIGNEUR LE VICE - AMIRAL **DECRÈS**,

Ministre de la Marine et des Colonies;

Par C. L. **LHUILLIER**, Lieutenant de Vaisseau,

ET

C. J. **PETIT**, Secrétaire du Vice - Amiral ROSILY,
Directeur et Inspecteur du Dépôt général de la Marine.

PREMIÈRE PARTIE.

A PARIS,

DE L'IMPRIMERIE DE DELANCE ET BELIN.

1810.

A

SON EXCELLENCE

MGR. LE COMTE DECRÈS,

VICE-AMIRAL,

GRAND OFFICIER DE L'EMPIRE,

INSPECTEUR GÉNÉRAL
DES CÔTES DE LA MÉDITERRANÉE,

GRAND CORDON
ET CHEF DE LA Xe. COHORTE DE LA LÉGION D'HONNEUR,

MINISTRE DE LA MARINE ET DES COLONIES.

MONSEIGNEUR,

Le service de Sa Majesté l'Empereur et Roi, et les ordres de Votre Excellence, nous ayant retenus plusieurs années en Espagne, nous avons profité de cette circonstance pour rendre plus faciles aux Officiers Français les relations qu'ils ont continuellement avec les Marins Espagnols : cette idée, MONSEIGNEUR, et le désir de mériter votre bienveillance, nous ont engagés à faire un Dictionnaire des Termes de Marine français-espagnols et espagnols-français.

Persuadés que ce qui est utile intéresse toujours VOTRE EXCELLENCE, nous osons espérer, MONSEIGNEUR, que vous daignerez accepter la Dédicace de cet Ouvrage ; votre nom, placé à la tête de ce Dictionnaire, convaincra les Marins Français de son utilité, et sera pour nous la récompense la plus honorable.

Nous sommes, avec le plus profond respect,

MONSEIGNEUR,

DE VOTRE EXCELLENCE,

Les très-humbles et très-obéissans serviteurs,
LHUILLIER, PETIT.

PARIS, le 11 Octobre 1809.

AVANT-PROPOS.

Les Marins, qui partout ont un langage particu-culier que ne comprend pas même le reste de leurs compatriotes, éprouvant les plus grandes difficultés à se faire entendre chez une Nation étrangère, et se trouvant forcés d'avoir recours à des truchemens presque toujours ignorans et quelquefois intéressés, verront sans doute avec plaisir l'Ouvrage que nous leur offrons.

Si les Espagnols avoient eu un Dictionnaire de Marine, comme presque toutes les Puissances mari-times, il nous eût été facile d'en faire une tra-duction ; mais on ne trouve rien de complet dans ce genre en Espagne. Nous avons consulté un petit ouvrage intitulé *Cartilla maritima*, qui donne quelques mots de manœuvres et de cons-truction ; quoique très-borné, ce livre nous a été utile.

Nous avons tiré quelque chose de la Nomencla-ture qui est à la fin des conversations de M. *Ulloa ;* mais cette nomenclature, faite pour l'ouvrage seul, ne donne que les expressions employées par l'Au-teur. Le Dictionnaire de l'Académie de Madrid fournit bien quelques mots de l'idiôme des Marins, mais la plupart de ces mots sont très-mal traduits en français. Nous nous sommes servis aussi de Dictionnaires anglais et allemands, où la signification des termes de marine est donnée en plusieurs langues, et dans lesquels nous avons choisi les expressions espagnoles les mieux traduites ; ce qui a beaucoup aidé à rendre cet Ouvrage aussi complet que les Dictionnaires français et anglais de de MM. *Romme* et *Lescallier*, de qui nous avons pris la nomenclature des termes de marine.

M. *Lhuillier* a suivi les armemens, les radoubs et les refontes d'un grand nombre de vaisseaux, dans deux des principaux ports de la Marine Royale, le Ferrol et Cadiz ; ce qui a contribué à lui fournir de grands renseignemens sur le langage des Marins Espagnols.

Ce Dictionnaire étant destiné aux Marins seulement, nous n'avons pas cru nécessaire de donner l'explication de termes qui leur sont familiers.

C'est à M. le Vice-Amiral *Rosily*, sous les ordres de qui nous avions l'honneur de servir, que nous devons l'avantage d'offrir au Public un Ouvrage aussi complet ; il a pris le plus grand intérêt à notre travail, et il a favorisé nos recherches ; qu'il nous soit permis de lui témoigner ici notre reconnoissance.

Nous avons divisé ce Dictionnaire en deux parties : la première, comprend les termes de marine français traduits en espagnol ; la seconde, comprend les termes de marine espagnols traduits en français. Chacune de ces parties est précédée d'un Traité de Prononciation à l'usage des Marins de l'une ou de l'autre Nation, afin de leur donner les moyens de se faire comprendre. Nous n'avons rien épargné pour que cet Ouvrage ne laissât rien à désirer à des Officiers qui ont des rapports continuels entre eux. Puissions-nous être assez heureux pour avoir atteint notre but.

TRAITÉ

DE PRONONCIATION

DE LA LANGUE ESPAGNOLE,

A L'USAGE DES FRANÇAIS.

PRONONCIATION.

La prononciation est sans contredit une des plus grandes difficultés qu'offre l'étude des langues étrangères. On ne parle pas seulement ici des sons distinctifs et vraiment nationaux que chaque peuple attache à certains caractères, sons qui ne peuvent être saisis ni prononcés que par des organes exercés dès l'enfance, et qu'on regarde avec raison comme la pierre de touche, à l'aide de laquelle on distinguera toujours celui qui parle sa langue maternelle d'avec l'étranger qui la possède le mieux. Tels sont le *th* des Anglais, le *ch* des Allemands, le *c*, *ch* et *g* des Espagnols, etc.

On ne parle pas non plus de cet ensemble de prononciation propre à chaque idiôme, qui affecte moins les lettres, les syllabes, les mots même en particulier, qu'il ne modifie toute la suite du discours, et sans lequel il est possible qu'on articule très-bien chaque son pris séparément, et qu'on conserve cependant dans la manière de parler une langue un accent tout à fait étranger. On sent que cette sorte d'articulation, ou plutôt d'accentuation générale, qui n'a le plus souvent ni principes, ni règles, ne s'apprenant guère que par le secours de l'oreille, on ne peut s'en occuper ni dans une Grammaire, ni à plus forte raison dans un Dictionnaire.

La seule difficulté relative à la prononciation, qu'un Lexicographe puisse travailler utilement à éclaircir, est celle qui naît ou de sons différens, affectés en certains cas au même caractère, ou d'un même son représenté dans d'autres par plusieurs signes qui n'ont entre eux rien de commun. Cette difficulté est d'autant plus réelle, que dans la plupart des langues vivantes on n'a aucun principe certain qui puisse en faciliter la solution.

La langue espagnole, à quelques exceptions près, a une orthographe conforme à sa prononciation. Cette perfection est due en partie à l'utile réforme qu'y a opérée l'Académie Espagnole : cette Académie, en faisant jouir ses compatriotes d'un aussi grand avantage, leur a singulièrement facilité la prononciation de leur langue ; elle n'a pu offrir les mêmes moyens pour peindre cette prononciation aux yeux des Étrangers. Ici se présente un obstacle insurmontable, commun à la plupart des idiômes, et qui a sa source dans l'emprunt que presque tous les peuples ont fait primitivement de l'alphabet d'une autre nation pour représenter dans l'écriture les sons propres à chacun d'eux. De cet emprunt il est résulté que, dans deux langues différentes, les caractères alphabétiques étant les mêmes, tandis que les sons auxquels ils sont de part et d'autre appliqués, n'ont souvent rien de semblable, on essayeroit vainement de s'en servir pour faire connoître d'une manière précise à ceux qui ne parlent que la première, la prononciation qui appartient à la seconde. Ainsi, par exemple, la lettre J, quoique commune aux Espagnols et aux Français, ne pourra jamais peindre aux yeux de ceux-ci le son qu'elle représente dans la langue castillane;

de

de même que la prononciation sourde de nos voyelles nasales *an*, *in*, *on*, demeurera toujours inconnue à un Espagnol, tant qu'il verra seulement écrites ces combinaisons de lettres, combinaisons néanmoins tout aussi usitées dans sa langue que dans la nôtre. Les yeux, dans ces circonstances, ne peuvent être que des guides trompeurs; il faut de toute nécessité appeler à leur secours le témoignage de l'oreille.

On voit par là combien il est difficile, combien peut-être il est impossible de rendre sensible, par la seule écriture, la prononciation d'une langue étrangère. Mais si, dans une entreprise de ce genre, il y auroit une folle présomption à se flatter d'atteindre parfaitement le but, nous pensons qu'on peut espérer d'en approcher avec quelqu'utilité, en se traçant un plan convenable, et surtout en observant avec soin les deux conditions suivantes : la première, d'indiquer, toutes les fois que la chose sera possible, cette prononciation étrangère, ou par des signes simples, ou par des combinaisons de signes qui, dans l'un et l'autre alphabet, rendent les sons que l'on veut représenter; la seconde, lorsque ces signes manqueront, d'y suppléer par des caractères factices qui avertissent le lecteur que le son ainsi désigné appartient, en propre, à la langue qu'il étudie; ou, si on se sert de ceux déjà usités, de ne les employer du moins que sous une forme qui ne puisse laisser lieu à aucune équivoque; c'est ce qu'on verra dans les exemples que nous citons.

D'après ce que nous venons de dire, chaque signe de la langue espagnole écrite ayant un son distinct et qui lui est propre, on doit tous les articuler, en faisant entendre toutes les lettres sans en excepter pour les diphtongues, les triphtongues, et même pour les consonnes finales. L'usage permet cependant que dans les mots terminés en *ado*, on fasse très-peu sentir le *d ;* il y a encore quelques autres exceptions, mais elles varient suivant les localités, et la pratique seule apprend à les connaître.

La langue espagnole compte vingt-huit lettres. Voici l'ordre et la dénomination de ces lettres :

Alphabet.	a ,	b ,	c ,	ch ,	d ,	e	f ,
Dénominat.	*a ,*	*bé ,*	*cé* (1),	*tché ,*	*dé ,*	*é ,*	*èfé ,*
Alphabet..	g ,	h ,	i ,	j ,	k ,	l ,	ll ,
Dénominat.	*gé* (2),	*atché,*	*i ,*	*jota* (3),	*ka ,*	*èlé ,*	*eillé ,*
Alphabet..	m ,	n ,	ñ ,	o ,	p ,	q ,	r ,
Dénominat.	*èmé ,*	*èné ,*	*ègné ,*	*o* (4),	*pé ,*	*cou ,*	*erré ,*
Alphabet..	s ,	t ,	u ,	v ,	x ,	y ,	z
Dénominat.	*essé ,*	*té ,*	*ou ,*	*vé* (5),	*èquis,*	*y griega,*	*zéta*

ou *zéda.*

Les lettres sont toutes du genre féminin.

La langue espagnole compte six *voyelles*, qui sont *a , e , i , o , u* et *y* (6) ; toutes les autres lettres sont consonnes.

Il faut observer que l'accent aigu, indiqué ci-dessus, et qui est sur les *é* à la fin, y est seulement pour marquer que ces *é* ne sont pas muets : au reste, il faut les prononcer brefs ; car si l'explication du nom des lettres étoit en espagnol, ces *e* à la fin ne seroient marqués d'aucun accent. Observez encore

---

(1) Se prononce en mettant le bout de la langue entre les dents, et sera désigné comme il l'est ici *ç*.

(2) Se prononce du gosier et comme s'il y avoit une *H* aspirée, avec un peu de force, à la place du *g* ; laquelle sera toujours en petite capitale pour représenter le son du *j*, et, dans quelques circonstances, celui du *g* et de l'*x*.

(3) Se prononce comme le *g*.

(4) Ouvert.

(5) Des lèvres.

(6) Voyez l'explication donnée à l'*Y*.

que, lorsque la lettre *y* est entre deux voyelles, les Espagnols l'appellent *consonne*, parce qu'elle appuie sur la voyelle qui la suit, et sonne avec elle; comme dans *mayoria de la esquadra* majorité de l'escadre, *proyeccion de un navio* plan d'un vaisseau.

Les Espagnols n'ont qu'une syllabe longue dans tous les mots, c'est la dernière dans les mots terminés par une consonne, et la pénultième dans ceux terminés par une voyelle.

Lorsqu'il y a des exceptions à cette règle, on marque la syllabe longue par un accent aigu, comme dans les mots *cáñamo* chanvre, *cáncamo* piton ; prononcez *ca-gnamo, can-nᴇcamo* (1) (2).

De la Prononciation des voyelles.

A.

Cette voyelle a toujours un son clair et ouvert, comme *ala* bonnette, *abandono* abandon; prononcez *ala, abannᴇdono.*

Lorsque l'*a* se trouve dans une même syllabe avec une autre voyelle, il faut le faire éclater, et glisser sur l'autre voyelle. Exemple:

Mots espagnols.	Imitation française.	
Guardacosta.	Garde-côte. prononcez	*gouardacosta.*
Juanetes.	Perroquets.	*ᴊouanétᴇssᴇ.*

---

(1) On observera, comme règle générale, de prononcer *an* comme dans la prononciation sourde de notre voyelle nasale *an*, afin de ne pas dire *cannecamo.*

(2) Pour mieux faire sentir la prononciation dans l'imitation française, on a souvent ajouté un *ᴇ* (en petite capitale) au milieu ou à la fin des mots, pour désigner l'*e* muet et très-bref qui, sans être écrit, doit toujours être entendu de l'oreille ; la langue espagnole n'ayant point de lettre absolument muette.

Dans les exemples suivans, l'*a* est bref et l'*i* est long :

Batería.	Batterie.	pr : *batéri-a* (1).
Cañería.	Tuyaux des dalots.	*cagnéri-a.*

On observera comme règle générale de prononcer l'*a* ouvert comme dans le mot *mât.*

E.

L'Académie Espagnole n'attribue qu'un seul son à cette lettre ; l'oreille française cependant en aperçoit deux bien distincts, l'un semblable à notre *é* fermé, comme dans les mots français *arqué, démâté,* celui-ci est le plus général ; et l'autre semblable à celui de notre *è* ouvert, comme dans *chef, mer.* Exemple :

Espeque.	Anspec.	pr : *espèqué.*
Gente de mar.	Gens de mer.	*ʜainɛté dé mar.*
Garganteal un moton.	Estroper une poulie.	*gargan-nɛtéar ounɛ moton-nɛ*(2).
Verga.	Vergue.	*verga.*
Vergilla.	Bâton du guidon.	*verʜiʟʟa.*
Bergantin.	Brick.	*bergan-nɛtinɛ.*

L'*e* qui n'est pas à la fin d'un mot, est ouvert lorsqu'il est précédé d'un *u* ou d'une *r.* Exemple :

Duelas.	Douelles.	pr : *douélassɛ.*
Relinga.	Ralingue.	*rélinɛga.*

Lorsque *e* se trouve entre *m* et *n*, il est ordinairement fermé. Exemple :

---

(1) Le tiret qui partage la syllabe sert à la distinguer ; la crainte qu'en la laissant réunie, on ne lui donnât le même son qu'en français, fait qu'on l'a partagée, afin qu'on prononçât l'*a* après l'*i*.

(2) On observera, comme règle générale, de prononcer *on* comme dans la prononciation sourde de notre voyelle nasale *on*, afin de ne pas dire *motonne.*

Departamento.   Département.   pr : *départamainɛto.*
Destacamento.   Détachement.   *destacamainɛto.*

Dans les noms de nations l'*e* est fermé. Exemple :

Holandés.   Hollandais.   pr :   *holan-nɛdessɛ.*
Inglés.   Anglais.   *inɛglessɛ.*
Portugués.   Portugais.   *portouguessɛ.*
Francés.   Français.   *fran-nɛçessɛ.*

L'*e* est long lorsqu'il se trouve dans une même syllabe avec l'*i* ou avec l'*u*. Exemple :

Viento.   Vent.   pr :   *vien-nɛto.*
Rueda.   Rouet.   *rouéda.*

L'*e* n'est jamais muet quelque bref qu'il soit.

Dans les syllabes *em* et *en*, il garde toujours le son primitif d'*e* qu'il a dans l'alphabet. (Voyez les deux lettres *m* et *n*).

I.

Cette voyelle se trouvant dans une même syllabe avec une autre voyelle, se prononce fort brève et en glissant dessus. Exemple :

Rociada.   Coup de mer. pr: *roçiada.*
Comercio costeño.   Cabotage.   *comerçio costégno.*
Corsario.   Corsaire.   *corsario.*
Allá va con Dios!   A-Dieu-va !   *aʟʟa va con-nɛ*
                                   Diossɛ.

Lorsque cette voyelle est marquée de l'accent aigu, elle est longue. Exemple :

Artillería.   Artillerie.   pr :   *artiʟʟéri-a* (1).
Avería.   Avarie.   *avéri-a.*

---

(1) Prononçant la dernière syllabe comme il a été dit à la note 1 de la voyelle **A**, page xvj.

Elle conserve toujours le son de l'*i* dans les syllabes *im* et *in* : *im* se prononce comme en français dans *immense*, et dans *in* *n* se prononce avec autant de force que *m* dans *im*. Exemple :

Imperial.	Impériale. pr :	*im-périal.*
Inclinar un palo.	Incliner un mât.	*in-clinar ounE palo.*

O.

Cette voyelle se prononce assez ordinairement comme en français ; de même que l'*e* elle a deux sons, l'un ouvert comme dans *port*, *bord* ; et l'autre fermé, comme dans *acon*, *artimon*.

Aux mots espagnols d'une seule syllabe, l'*o* est presque toujours ouvert.

Aux mots de plusieurs syllabes, il est difficile de donner des règles pour distinguer l'*o* ouvert de l'*o* fermé : cependant on verra qu'il est ouvert dans *orden* ordre, *ampolleta* ampoulette, pr : *ordainE*, *an-mEpoLLéta* ; qu'il est fermé dans *fondo* fond, *golfo* golfe, pr : *fon-nEdo*, *golfo*.

L'*o* est aussi ouvert lorsqu'il est long et accentué, comme dans les mots *micrómetro* vis de rappel de l'octant, *cronómetro* montre marine, pr : *micrô-métro*, *cronô-métro*.

Aux finales *on*, *or* et *o* sans accent, l'*o* est fermé. Exemple.

Harpon.	Harpon de pêche. pr :	*harpon-nE.*
Esquifacion de un bote.	Équipage d'un canot.	*esquifaçion-nE de ounE bôté.*
Estribor.	Tribord.	*estribord.*
Rastrillador de cáñamo.	Peigneur de chanvre.	*rastrILLador de cagnamo.*
Rumbo.	Route.	*roumEbo.*
Ranchero.	Chef de gamelle.	*ran-nEtchéro.*

L'*o* est long, lorsqu'il se trouve dans une même syllabe avec une autre voyelle, comme *coy* hamac ; pr : *co-ï.*

U.

Se prononce comme *ou* en français. Il se liquide aussi bien qu'en français dans les syllabes *que, qui, gue, gui;* ainsi il est absolument muet lorsqu'il est précédé d'un *q* ou d'un *g*, et suivi des voyelles *e* ou *i*, comme dans les exemples suivans :

Quedar á pique.	Rester à pic.	pr : *quédar à piqué.*
Obenque..	Hauban.	*aubainɛqué.*
Braguero.	Brague.	*braguéro.*
Envergues.	Rabans d'envergure.	*ainɛverguessɛ.*
Quilla.	Quille.	*quiʟʟa.*
Quinales.	Faux-haubans.	*quinalessɛ.*
Guindola.	Bouée de sauvetage.	*guinɛdola.*
Guiñada.	Embardée.	*guignada.*

Quelquefois dans ces dipthongues l'*u* garde le son de *ou* lorsqu'il est marqué d'une diérèse ou deux points (*ü*), comme dans *cigüeña* crochet de fer, *cigüeñal* manivelle; pr : *çigouégna, çigouégnal.*

Y.

Cette lettre est tantôt voyelle et tantôt consonne. Elle est voyelle, lorsqu'elle est précédée d'une autre voyelle, faisant avec elle une diphtongue, comme dans ces mots : *payro* panne, *coy* hamac de matelot; pr : *pa-i-ro, co-i.* Dans presque tous les autres cas elle est consonne, comme dans *ayudante* adjudant, *ayustar* ajuster, *plana mayor* état-major, *yugo principal* lisse d'hourdi; pr : *a-iou-dan-nɛté, a-ioustar, plana ma-ior, iou-go prinɛ-çipal.*

Les voyelles nasales, si fréquentes dans la langue française, sont inconnues dans la langue espagnole. Ce n'est pas que les Espagnols n'emploient comme nous les combinaisons des signes *an, en, in, on, un;* mais ils leur donnent

une toute autre prononciation. Le son propre de l'*n* s'y
detache de celui de la voyelle à laquelle cette consonne est
jointe; ainsi, ils prononcent comme s'ils écrivoient *an-nɛ*,
en-nɛ, inɛ, on-ne, etc., en donnant à cet *e* final le moins
d'appui possible et une extrême brieveté. Ce n'est propre-
ment qu'un *schéva* (1).

Des Diphtongues.

Les diphtongues sont des assemblages de plusieurs
voyelles qui expriment un son double, et qui néanmoins
se prononcent par une seule émission de voix. Telles sont
les suivantes :

ia.	*Guardia.*	Quart , Garde. pr : *gouardia.*
iau (2).		
ian.	*Guardian.*	Contre - maître de *gouardian-nɛ.* la cale.
iar.	*Cambiar las ve- las.*	Changer les voiles. *can-mɛbiar lassɛ vélassɛ.*
ie.	*Gaviero.*	Gabier. *gaviéro.*
ien.	*Abatimiento.*	Abattée. *abatimien-nɛto* (3).
io.	*Jacio de mar.*	Calme tout plat. *nacio dé mar.*
ion.	*Variacion N. E.*	Variation N. E. *variacion-nɛ N. E.*

N. B. Lorsque dans ces combinaisons l'*i* est accentué,
comme dans *hidrografia* hydrographie, *navio* vaisseau, etc.
il n'y a point de diphtongue.

---

(1) Le mot *schéva* est tiré de la grammaire hébraïque : il a passé
dans le langage grammatical pour signifier cet *e* brévissime que fait
entendre nécessairement toute articulation ou consonne qui ne modifie pas une autre voyelle.

(2) Cette diphtongue ne se rencontre pas dans la partie espagnole.

(3) Même observation pour prononcer *en* que pour la prononciation
ourde des voyelles *an* et *en* déjà citées.

ua.	*Aguage.*	Grande marée.	pr : *agouané.*
uan (1).			
ue.	*Aparejuelo de porta.*	Palan de sabord.	*aparénouélo dé porta.*
uen.	*Entrepuente.*	Entre-pont.	*ain ɛtrépouen-nɛté.*
ues.	*Desamparar su puesto.*	Abandonner son poste.	*désan-mɛparar sou pouesto.*
ui.	*Cuidado !*	Attention !	*couidado !*
uin (2).			

De la prononciation des Consonnes.

B.

Les Espagnols confondent la prononciation de cette lettre avec celle du v. Cette ressemblance étoit telle autrefois, qu'on les employoit indistinctement ; cet usage s'est encore conservé dans certaines provinces ; mais les gens instruits donnent à chacune de ces lettres, suivant le désir de l'Académie, le son qui leur appartient.

C.

Cette lettre a deux sons distincts, l'un fort, comme en français, lorsqu'elle précède les voyelles *a*, *o*, *u* (3), et semblable à celui du *k* ; l'autre doux devant *e* ou *i*, qui se prononce comme il est dit à la note 1, page xiv. Exemple :

Cambiar.	Changer.	pr :	*can-mɛbiar.*
Convoy.	Convoi.		*con nɛvo-ï.*
Cureña.	Affût de canon.		*courégna.*

---

(1) Cette diphtongue n'existe pas dans la partie espagnole.

(2) Idem.

(3) Observant que l'*u* se prononce *ou.*

| *Cerazon.* | Brume. | *çéraçon-nɛ.* |
| *Cinta.* | Préceinte. | *çinɛta.* |

CH.

Le *c* suivi de l'*h* est, en espagnol, une lettre double dans sa figure, et simple dans sa valeur; il faut la prononcer comme si elle étoit précédée d'un *t*, sans appuyer cependant d'une manière bien marquée sur ce *t* ajouté. Exemple :

Chafaldetes.	Cargue-points. pr :	*tchafaldétessɛ.*
Carricoche.	Chariot de corderie.	*carrico-tché* (1).
Chicote de cabo.	Bout de cordage.	*tchicoté dé cabo.*
Chorro.	Livarde.	*tchorro.*
Chubasco.	Grain de vent.	*tchoubasco.*

Le *ch* a le son du *k* lorsqu'il est suivi d'une consonne ou d'une voyelle marquée d'un accent circonflêxe.

D. et F.

Ces deux lettres se prononcent comme en français.

G.

Le *g* a deux sons différens; le premier doux, lorsqu'il est devant *a, o, u, ue, ui, l, r*. Exemple :

Gavia.	Grand hunier. pr :	*gavia.*
Gobernar.	Gouverner.	*gobernar.*
Guardia marina.	Garde-marine.	*gouardia marina.*
Bodeguero.	Gardien de la cale.	*bodéguéro.*
Guinda.	Guindage.	*guinɛda.*

---

(1) Comme s'il y avoit *carricotteché*; ce qui indique bien la prononciation de *tché*, et servira pour celle de *tcha, tchi, tcho, tchou.*

| *Cinglar.* | Cingler. | *çinɛglar.* |
| *Grimpolon.* | Girouette. | *grimɛpolon-nɛ.* |

Le second son du *g* est fort et guttural lorsqu'il est devant *e* ou *i*; il se prononce du gosier et est conforme à celui des lettres *j* ou *x* (voyez ces lettres). Exemple :

| *Genoles.* | Alonges. | pr : | *ɦénolessɛ.* |
| *Gimelga.* | Jumelle. | | *ɦimelga.* |

H.

Lorsque cette lettre n'est pas précédée d'un *c*, elle est moins une lettre qu'une marque d'aspiration, et encore est-elle si légère qu'elle se fait à peine sentir. On a déjà vu comment *ch* doit se prononcer.

L'*h* s'aspire légèrement devant *ue*, comme dans *hueco* forain; pr : *houéco.*

On aperçoit aussi une légère aspiration lorsque l'*h* est entre deux voyelles, comme dans *cohete* fusée d'artifice ; pr : *cohété.*

Quoique cette lettre soit pour ainsi dire nulle, quant à la prononciation, on l'a cependant conservée dans divers mots, l'étymologie et l'usage le demandant ainsi; et dans plusieurs de ces mots elle remplace la lettre *f*, en usage autrefois. Par exemple : *facer* faire, *fierro* fer, s'écrivent aujourd'hui *hacer, hierro.*

J.

Cette lettre, appelée *jota*, est un de ces caractères dont le son, particulier à la langue espagnole, ne peut être représenté, et dont on ne peut se former une juste idée qu'en l'entendant prononcer par un Espagnol ou par un bon maître. *Sarrabasa*, écrivain Espagnol, le définit de la manière suivante : « Le son de cette lettre, dit-il, s'ob-
» tient en retenant son haleine au passage de la gorge, et

» en ne la poussant que peu à peu contre le palais, ce qui
» produit un léger bruit semblable à celui que l'on fait en
» se gargarisant (1). » Exemple :

Jareta.	Trélingage.	pr : *наréta.*
Paja de bitas.	Paille de bittes.	*пана dé bitassе.*
Mortaja.	Mortaise.	*mortaна.*
Aparejar.	Appareiller.	*aparéнar.*
Cirujano.	Chirurgien.	*çirouнano.*
Cajeta.	Tresse.	*caнéta.*
Tijera.	Tenon des bigues.	*tiнéra.*
Tojino.	Taquet.	*toнino.*
Ojo del áncla.	Œillet d'ancre.	*oнo del an-nеcla.*
Junta.	Écart.	*hounеta.*
Juanetes.	Perroquets.	*нouanétessе.*
Majujo.	Bec de corbin.	*maнouнo.*

K.

Le *k* n'est admis que dans les mots étrangers, et il se
prononce comme en français.

L.

Se prononce comme en français.

LL.

Cette lettre double dans sa figure, est simple dans sa
valeur; et soit qu'elle se trouve au commencement ou
dans le courant d'un mot, elle a le son de nos deux *ll*
précédées d'un *i*, comme dans *mouillage* (2). Exemple :

---

(1) Voyez aussi l'alphabet pour la prononciation de cette lettre.

(2) Elles sont indiquées en petites capitales *LL* pour la prononciation.

Llamar á bordo.	Appeler à bord. pr :	ʟʟᴀ*mar à bordo.*
Llevar salida.	Bien marcher.	ʟʟé*var salida.*
Sallar.	Sailler, haler.	*sa*ʟʟ*ar.*
Ampolleta.	Ampoulette.	*an-m*ᴇ*po*ʟʟé*ta.*
Pallete.	Paillet.	*pa*ʟʟé*té.*
Zambullir.	Donner la cale.	*çan-m*ᴇ*bou*ʟʟ*ir.*
Castillo de proa.	Gaillard d'avant.	*casti*ʟʟ*o dé pr*ɔ*-a.*
Amantillos.	Balancines.	*aman-n*ᴇ*ti*ʟʟ*oss*ᴇ*.*

M.

Se prononce comme en français.

Devant les consonnes *b*, *p*, on fait sonner l'*m*. Exemple :

Embargo.	Embargo. pr :	*aim*ᴇ*bargo.*
Embornal.	Maugère.	*aim*ᴇ*bornal.*
Empavesar.	Pavoiser.	*aim*ᴇ*pavesar.*
Empuñidura.	Pointure *ou* em-pointure.	*aim*ᴇ*pougnidoura.*

N.

Se prononce comme en français. Exemple :

Navío.	Vaisseau. pr :	*navi-o.*
Neutral.	Neutre.	*néoutral.*
Niebla.	Brume.	*niébla.*
Norte.	Nord.	*norté.*
Nudo.	Nœud.	*noudo.*
Encallarse.	s'Échouer.	*ain*ᴇ*ca*ʟʟ*arsé.*
Encapillar.	Capeler.	*ain*ᴇ*capi*ʟʟ*ar.*
Enchimiento.	Remplissage.	*ain*ᴇ*-tchimien-n*ᴇ*to.*

A la fin des mots l'*n* se prononce toujours dure, comme dans les mots français où elle est suivie d'un *e* muet.

Ñ.

Cette lettre, appelée par les Espagnols *n con tilde*, a

le son du *gn* français des mots *campagne*, *compagnie.*
Exemple :

Campaña.	Campagne.	pr :	*can-mɛpagnà.*
Cañon.	Canon.		*cagnon-nɛ.*
Cáñamo.	Chanvre.		*cágnamo.*
Piña.	Cul de porc.		*pigna.*
Señal.	Signal.		*ségnal.*
Uña del áncla.	Bec de l'ancre.		*ougna del an-nɛcla.*

P.

Se prononce comme en français.

QUA.

Il faut laisser entendre l'*u* bref en *ou*. Exemple :

Quaderna.   Couple d'un bâtiment. pr : *couaderna.*
Quartel de escotilla. Panneau d'écoutille.   *couartel dé escotiLLa.*

QUE, QUI.

Se prononce comme en français. (Voyez les exemples cités à la voyelle *u.*)

QUO.

Se trouve dans le mot *obliquo* oblique, qui se prononce *oblicouo.*

R.

Cette lettre conserve sa prononciation naturelle ; et lorsqu'elle est répétée, les deux *r* doivent se faire entendre distinctement.

Nota. Il ne faut pas craindre de prononcer cette lettre fortement.

S.

Dans aucun mot espagnol on ne trouve cette lettre

double. Le son qu'elle a est semblable à celui que donnent les Français à l's lorsqu'elle n'est pas entre deux voyelles. Exemple :

Despensa	Cambuse. pr :	*despein*ᴇ*sa* (1).
Escaparse.	s'Enfuir.	*escaparsé.*
Pasamanos.	Passe-avants.	*pasamanoss*ᴇ.
Paso.	Passe.	*paso.*
Mesas.	Porte-haubans.	*mésass*ᴇ.
Desembarco.	Débarquement.	*désaim*ᴇ*barco.*
Resina.	Résine.	*résina.*

Il n'y a point de prononciation à indiquer lorsque l's se trouve au commencement d'un mot, ou qu'elle est jointe à une consonne ; elle doit se prononcer naturellement.

T.

Cette lettre a toujours le son dur et fort qu'elle a dans l'alphabet. La seule remarque à faire, c'est que, mise devant un *i*, elle ne se prononce jamais en espagnol comme dans les mots français *construction*, *navigation*, etc., mais toujours comme dans *tille*, *tire-veilles*, *tole-tière*, etc.

V.

La prononciation du *v* espagnol est conforme à celle du *v* français; cependant, l'usage permet qu'on lui donne le son du *b*; mais pour obvier à l'incertitude et à la confusion que cela apporte dans l'orthographe, l'Académie Espagnole veut que l'on donne à cette lettre le son qui lui appartient.

––––––––––––––––––––––––––––––––

(1) En prononçant la dernière *s* comme si elle n'étoit pas entre deux voyelles, d'après la règle ; elle sera en petite capitale dans l'imitation française.

X.

Cette lettre se prononce comme en français dans tous les mots où elle est suivie d'une autre consonne, comme dans *sextante* sextant, *expedicion* expédition; pr: *sextan-*NETÉ, *expediçion-*NE.

Devant les voyelles, et à la fin des mots, l'*x* se prononce du gosier (voyez la lettre G.). Exemple :

Xarcia.	Cordage.	pr : NarÇia.
Baxa mar.	Mer basse.	*bana mar.*
Xefe de esquadra.	Contre-amiral.	*néfé dé escouadra.*
Caxera.	Clan.	*canéra.*
Baxío.	Haut fond.	*banî-o.*
Fluxo.	Flot *ou* Flux.	*flouno.*
Caxon.	Caisson.	*canon-*NE.
Relox de longitud.	Montre marine.	*rélon dé lonnitoude.*

Pour distinguer des autres les mots dans lesquels l'*x* perd le son guttural, on observera que lorsqu'il le perd, la voyelle qui le suit doit être et est toujours marquée d'un accent circonflèxe (ᴬ), comme dans les mots suivans.

Axiómetro.	Axiomètre.	pr : *axiómétro.*
Aproximarse de la tierra.	Courir sur la terre.	*aproximarsé dé la tierra.*
Loxódromia.	Loxodromie.	*loxódromí-a.*

Z.

Cette lettre, suivie de quelque voyelle que ce soit, se prononce comme le *c* suivi d'un *e* ou d'un *i* (voyez la prononciation du *c*). Exemple :

Zafarancho !

Zafarancho!	Branle-bas ! pr :	*çafaran-tcho!*
Zeloso, bote zeloso.	Canot volage.	*bôté çéloso.*
Zinco.	Zinc.	*çinᴇco .*
Zozobrar.	Sombrer sous voile.	*çoçobrar.*
Zulaque.	Courai.	*çoulaqué.*

AVERTISSEMENT.

——

Malgré tous les soins que nous avons pris pour rendre cet ouvrage correct, il s'y est cependant glissé des fautes ; nous prions de les corriger d'avance, en consultant l'*Errata*.

Voulant prévenir la contrefaçon de notre Dictionnaire des Termes de Marine français-espagnols et espagnols-français, nous avertissons que, conformément à la loi du 19 juillet 1793, sur le droit de propriété, nous en avons déposé deux Exemplaires à la Bibliothèque Impériale : ces deux exemplaires sont signés PETIT, ainsi que le seront tous ceux livrés au Public.

DICTIONNAIRE

DICTIONNAIRE

DES

TERMES DE MARINE

FRANÇAIS ET ESPAGNOLS.

PREMIÈRE PARTIE.

TRADUCTION DU FRANÇAIS EN ESPAGNOL.

ABA

ABAISSEMENT *ou* DÉPRESSION DE L'HORIZON = Depresion del horizonte.

ABANDON DE VAISSEAU, DE CARGAISON = Abandono de un navío, de una cargazon.

ABANDONNER = Abandonar ó Desamparar.

ABANDONNER UN BATIMENT LORSQU'IL N'Y A PLUS D'ESPÉRANCE DE LE SAUVER = Abandonar ó Desamparar un barco.

ABANDONNER LA CHASSE = Abandonar ó Desamparar la caza.

ABANDONNER LE COMBAT = Abandonar ó Desamparar el combate.

ABANDONNER UN CONVOI, NE PLUS LE PROTÉGER = Abandonar ó Desamparar un convoy.

ABANDONNER SON POSTE = Abandonar ó Desamparar su puesto.

I

ABATTÉE = Arribada, Abatimiento.

LE VAISSEAU FAIT SON ABATTÉE = Cae el navío.

ABATTRE, FAIRE UNE ABATTÉE = Abatir, Caer.

ABATTRE EN ÉVOLUANT = Caer, Abatir.

LAISSE ABATTRE ! = Dexa caer !

LE VAISSEAU ABAT DU BON CÔTÉ = El navío cae bien.

LE VAISSEAU ABAT DU MAUVAIS CÔTÉ = El navío cae al contrario ó va al contrario.

ABATTRE EN CARÈNE = Dar de quilla.

ABATTRE SUR LE CÔTÉ, DONNER UNE DEMI-BANDE = Dar péndoles.

A-BORD = A bordo.

ALLER A BORD = Ir á bordo.

ABORDAGE, ACTION DE GUERRE = Abordage.

ABORDAGE DEBOUT AU CORPS = Abordage aproado al cuerpo.

ABORDAGE D'UNE CHALOUPE *ou* D'UN CANOT CONTRE UN QUAI, UN VAISSEAU = Abordage de una lancha ó de un bote contra un muelle, un navío.

ABORDAGE PAR LA HANCHE = Abordage por la aleta ó anca.

ABORDAGE DE LONG EN LONG = Abordage de largo á largo.

ABORDAGE D'UN VAISSEAU CONTRE UN QUAI, UNE BALISE, UN ÉCUEIL = Abordage de un navío contra un muelle, una baliza, un arrecife.

ALLER A L'ABORDAGE, SAUTER A L'ABORDAGE = Ir al abordage, Abordar al enemigo.

ÉVITER L'ABORDAGE = Huir el abordage.

ABORDAGE, COUP QUE L'ON SE DONNE A BORD = Porrazo.

ABORDER = Abordar ó Atracar.

ABORDER, ACCOSTER *ou* ARRIVER A BORD D'UN BATIMENT = Atracar un barco.

Aborder a quai = Atracar al muelle.

Aborder a terre = Atracar á tierra.

Aborder un vaisseau ennemi, aller a l'abordage = Ir al abordage.

Aborder un vaisseau en chassant, *ou* en dérivant sur lui = Abordar, Ir encima, Embestir á un navío.

s'Aborder de franc étable = Embestirse por la proa.

ABRAQUER, roidir = Tiezar ó Tezar.

Abraquer le mou du cable, d'un cordage = Cobrar el seno del cable, de una xarcia.

ABREUVER un vaisseau = Regar un navío.

ABRI, lieu de retraite = Abrigo.

Se mettre a l'abri d'un fort, d'une forteresse = Ponerse al abrigo de un fuerte, de una fortaleza.

ABRITER, ôter le vent = Quitar el viento.

Abriter un vaisseau = Meter un navío al socaire.

ACCASTILLAGE, œuvres mortes = Astilla muerta, Los castillos y la toldilla.

Faire l'accastillage = Hacer y entablar los castillos.

Vaisseau qui a l'accastillage élevé = Navío que tiene el alcázar y castillo de proa elevado.

Vaisseau qui a l'accastillage ras = Navío que tiene el alcázar y castillo de proa plano.

ACCORE, l'accore d'une roche, d'un banc = El cantil ó El beril de una peña, de un banco.

Accore *ou* escarpé = Acantilado.

Accores, épontilles d'un vaisseau = Puntales de retenida, Escoras.

Accores des bittes = Puntales de las bitas.

Accores, taquets = Tojinos.

ACCORER les bittes = Apuntalar las bitas.

ACCORER UN VAISSEAU SUR LE CHANTIER = Apuntalar un navío sobre el astillero.

ACCOSTABLE, ACCESSIBLE = Adonde se puede atracar.

ACCOSTE! = Atraca!

ACCOSTÉ, LE CANOT EST-IL ACCOSTÉ? =Está atracado el bote?

ACCOSTER ou ABORDER UN BATIMENT = Atracar un barco.

Accoster a quai = Atracar al muelle.

Accoster une roche, ranger une roche a l'honneur = Atracarse á una piedra.

Accoster a terre = Atracar á tierra.

ACCROCHER ou CROCHER = Enganchar.

ACON, CHALAN, PONTON = Batea.

ADENT, ENTAILLE = Tope, Diente.

Les adents des flasques d'un affut = Escaleretas de una cureña.

Le fer des adents du vireveau = Chapas del pal.

A-DIEU-VA! = Allá vá con dios!

ADJUDANT = Ayudante.

Sous-adjudant = Sub-ayudante.

ADMINISTRATION DE LA MARINE. = Administracion ó Contaduría de marina.

ADONNER, en parlant du vent = Alargar.

Le vent adonne = El viento se vá alargando ó Abre el viento.

AÉRER UN VAISSEAU = Dar ayre al navío.

AFFALER UN CORDAGE, UN PALAN, etc. = Tiramollar, Arriar, Lascar, Largar un cabo un aparejo, etc.

s'Affaler, être affalé sur la côte = Aconcharse, Empeñarse sobre la costa.

Batiment affalé sur la côte = Barco empeñado.

AFFINER, piler, battre le chanvre = Golpear, Majar el cáñamo.

AFFLEURER, ajuster = Igualar.

AFFOLÉE, aiguille affolée = Aguja loca.

AFFOURCHER un vaisseau, s'affourcher, mouiller en barbe = Amarrarse barba de gato.

AFFRÉTEMENT = Fletamiento.
    Contrat d'affrétement = Contrato de fletamiento.

AFFRÉTER ou fréter = Afletar ó Fletar.

AFFUT de canon = Cureña.
    Parties d'un affût = Partes de una cureña.
   Les flasques = Las gualderas.
   Les adents des flasques = Las escaleretas.
   La cheville a clavette. = El perno capuchino.
   La cheville a mantonière = La bética.
   La cheville traversière = El perno de atravesía.
   L'entre-toise = El teleron.
   La cheville d'entre-toise = El perno del teleron.
   L'esse de roue = El sotrozo.
   L'essieu = El exe.
   La fusée de l'essieu = El pezon del exe.
   Affut de mortier = Cureña de mortero.

AFFUTER un outil = Amolar.

AGENT COMPTABLE = Contador.

AGRÈS ou gréement = Aparejo, Pendiente, Cabuilería, Xarcia.

AIDE = Ayudante.
   Aide-canonnier = Artillero de preferencia.
   Aides-charpentiers = Ayudantes carpinteros.
   Aides-chirurgiens = Ayudantes cirujanos.

Aides-voiliers = Ayudantes veleros.

Aides du cuisinier *ou* de cuisine = Ayudantes del cocinero ó de cocina.

Aide d'un ouvrier dans l'arsenal = Mozo ó Peon.

AIGUADE = Aguada.

Faire aiguade = Hacer aguada.

AIGUILLE = Aguja.

Aiguille affolée = Aguja pesada, entorpecida.

Aiguille aimantée, aiguille de boussole = Aguja imanada, Aguja de brúxula.

Aiguille aimantée sans être garnie de son carton = Vergilla de acero para aguja.

Aiguilles de couture = Agujas de coser.

Aiguilles a gargousse = Agujas de cartucho.

Aiguille d'inclinaison = Aguja de inclinacion.

Aiguilles a œillet = Agujas grandes.

Aiguilles a ralingue = Agujas de relinga.

Aiguilles a voiles = Agujas de vela.

Aiguille de fanal = Hierro del farol.

Aiguilles de mats = Puntales de tope.

Aiguilles pour abattre en carène = Bordones.

AIGUILLETAGE = Cosidura ó Costura.

AIGUILLETER = Coser.

Aiguilleter un palan = Coser un aparejo.

Aiguilleter un croc de palan = Coser un gancho de aparejo.

Aiguilleter une poulie = Coser un moton,

AIGUILLETTE *ou* fouet = Rabiza.

Aiguillette de bosses = Rabiza de bozas.

Aiguillette de carène = Rabiza de carena.

Aiguillette de porques = Genol último de sobre-planes.

Aiguillette pour amarrage=Cosidura ó Acollador.

Aiguillette pour suspente des basses vergues = Acollador.

AIGUILLOTS de gouvernail =Machos del timon.

AILES d'une armée navale = Alas de una armada.
Sur les ailes = Sobre las alas.
Ailes de l'archipompe = Alas de la caxa de bomba.
Les ailes ou extrémités de la cale = Las extremidades de la bodega.

AIMANT, pierre d'aimant = Iman, piedra de iman.

AIN ou hameçon = Anzuelo.

AIR ou aire de vent = Quarto de viento, Rumbo de viento.

AIRE ou vitesse du vaisseau = El andar del navío.
Donne de l'aire au vaisseau pour virer de bord ! = Dá andar al navío para virar de bordo !

AISSIEU (véase essieu).

AJUST = Ayuste.

AJUSTER, faire un ajust = Ayustar, Hacer garrupo, Ayustar dos cabos.

ALARGUER, s'alarguer, pousser au large = Alargarse.

ALESTIR, alléger = Aligerar ó Alijar.

ALIDADE = Alidada.

ALISÉ, vents alisés = Vientos generales.

ALLÈGE, bateau ou embarcation = Embarcacion de alijo.

ALLÉGER, soulager = Aboyar.
Alléger un cable, un grelin = Aboyar un cable, un calabrote.

Alléger la tournevire = Aboyar el virador de cubierta.

Alléger un vaisseau = Aboyar un navío.

ALLER a bord = Ir á bordo.

Aller a la bouline = Ir de bolina.

Aller a pointe de bouline = Ir á bolina apuntada.

Aller de conserve = Ir de conserva.

Aller a pleine voile = Ir con todo el trapo largo.

Aller au plus près = Ceñir el viento.

ALMANACH nautique = Almanak náutico.

ALONGE = Ligazon.

Alonges = Genoles, Ligazones de las quadernas.

Alonges de cornière = Aletas de revés.

Alonges d'écubiers = Astas de proa.

Alonges de porques = Genoles de las bularcamas.

Alonges postiches = Genoles postizos.

Alonges de poupe = Astas de popa.

Alonges de revers = Barraganetes, Astas, Revés ó Genoles de revés.

Les premières alonges = Las posturas.

ALONGER une ancre = Extender una áncla.

Alonger un cable = Extender un cable.

Alonger des cordages = Extender cabos.

Alonger un grelin = Extender un calabrote.

Alonger un vaisseau = Extender un navío.

AMARINÉ, gens amarinés = Hombres de mar, Marineros hechos ó acostumbrados al mar.

AMARINER une prise = Tripular una presa.

AMARRAGE = Ligadura, Amarra.

Amarrage bridé = Ligadura con cruz, Ligadura cruzada.

Amarrage a fouet = Vuelta de boza.

Amarrage a plat = Boton.

AMARRAGÉ A PLAT DES HAUBANS = Boton de los obenques.

FAUX-AMARRAGE DE LA BONNETTE MAILLÉE = Boton para amarrar la boneta al puño de la vela.

FAIRE UN AMARRAGE EN ÉTRIVE = Dar *ó* Hacer cruz y boton.

AMARRE D'UN BATIMENT = Amarra.

AMARRE DE DERRIÈRE D'UNE CHALOUPE *ou* D'UN BATIMENT = Codera.

AMARRER = Amarrar.

AMARRER DEUX BATIMENS CÔTE A CÔTE = Abarloar.

AMARRER LE BOUT DE LA LIGNE D'UN AMARRAGE = Amarrar el chicote de un boton.

AMARRER LES CAPS DE MOUTON AUX HAUBANS = Embigotar.

AMARRER UN CORDAGE, UNE MANŒUVRE = Amarrar una xarcia.

AMARRER A TERRE = Amarrar á tierra.

AMARRER LES VAISSEAUX = Amarrar los navíos.

BATIMENS AMARRÉS CÔTÉ A CÔTÉ = Barcos abarloados.

AME *ou* MÈCHE D'UNE CORDE = Alma en un cabo de quatro cordones.

AMÈNE! = Arría !

AMENER LES HUNIERS SUR LE TON = Arriar las gavias sobre el tamborete.

AMENER EN PAQUET = Arriar una vela en banda, de golpe.

AMENER LE PAVILLON = Arriar la bandera.

AMENER UNE VOILE = Ameynar una vela, Arriar una vela.

AMERS, REMARQUE = Marcacion.

AMIRAL = Almirante.

LE VAISSEAU AMIRAL D'UNE ARMÉE NAVALE = La Capitana.

AMIRAUTÉ = Almirantazgo.

AMORTIR, RETARDER LA MARCHE = Quitar el andar.

AMORTIR L'AIRE D'UN CANOT, D'UN VAISSEAU = Quitar el andar de un bote, de un navío.

AMPLITUDE = Amplitud.

AMPLITUDE OCCASE *ou* OCCIDENTALE = Amplitud occidental.

AMPLITUDE ORTIVE = Amplitud ortiva *ú* oriental.

AMPOULETTE = Ampolleta.

AMPOULETTE DE DEMI-HEURE = Ampolleta de á media hora.

AMURE, CORDAGE = Amura.

AMURE DU GRAND FOC = Amura del foque mayor.

AMURE DE MISAINE = Amura del trinquete.

AMURE DE GRAND' VOILE = Amura de vela mayor.

LE VAISSEAU A LES AMURES A TRIBORD = El navío tiene las amuras á estribor.

AMURER = Amurar.

AMURE A BABORD! = Amura á babor!

AMURE A TRIBORD! = Amura á estribor!

AMURE LA MISAINE! = Amura el trinquete!

AMURE LA GRAND' VOILE! = Amura la vela mayor!

ANCE (*véase* ANSE).

ANCRAGE, MOUILLAGE, FOND = Anclage, El fondo.

DROIT D'ANCRAGE = Derecho de ánclage.

ANCRE = Ancla.

Parties de l'ancre = Partes del áncla.

L'ARGANEAU *ou* L'ORGANEAU = El arganeo.

LE BEC = El pico, La uña.

La bouée = La boya.

Les bras = Los brazos.

Le collet *ou* la croisée = La cruz.

Un coussin *ou* renfort = Una concha.

Le jas = El cepo.

L'œillet = El ojo.

Les oreilles = Las orejas, las postas.

L'orin = El orinque.

Les pattes = Las postas *ó* las uñas.

Les tenons = Los machos.

La verge *ou* tige = La caña.

La seconde ancre = La segunda áncla.

La troisième ancre qui est a tribord, ancre d'espérance *ou* maîtresse ancre = Ancla de esperanza.

La quatrième ancre a babord = Quarta áncla.

L'ancre d'affourche = El áncla de leva.

L'ancre de la cale = El áncla de la caridad.

L'ancre d'empenelle = El ánclote de galga *ó* de engalgadura.

L'ancre de flot = El áncla para el fluxo.

L'ancre a jet *ou* de touée = Anclote.

L'ancre de jusant = El áncla para el refluxo.

L'ancre du large = El áncla de fuera.

L'ancre mord = El áncla agarra.

L'ancre est en mouillage, en veille, au bossoir = El áncla está á la pendura.

L'ancre est a pic = El áncla está á pique.

L'ancre a quitté, l'ancre est déplantée = El áncla larga el fondo.

L'ancre est surjalée = El áncla está enredado, encepado.

L'ancre de terre = El áncla de tierra.

L'ANCRE TIENT BON = El áncla está agarrado en el fondo.

L'ANCRE SE TOURNE = El áncla da vuelta, se pone derecha.

ANCRE A DEMEURE, CORPS MORT = Ancla de cadena en un puerto.

CAPONER L'ANCRE = Izar el áncla á la serviola.

COURIR SUR SON ANCRE = Ir sobre el áncla.

ÈTRE SUR LES ANCRES DE FLOT ET DE JUSANT = Estar sobre las ánclas del fluxo y refluxo.

LEVER L'ANCRE PAR L'ORIN = Zarpar ó Levar el áncla por el orinque.

METTRE LES ANCRES A POSTE, LES SAISIR A POSTE = Alotar ó Trincar las ánclas.

TRAVERSER L'ANCRE, METTRE L'ANCRE EN PLACE = Alotar ó Arrizar el áncla, Poner el áncla en su lugar.

ANÉMOMÈTRE, INSTRUMENT POUR MESURER LES DIFFÉRENS DEGRÉS DE FORCE DU VENT = Anemómetro.

ANGUILLERS, ANGUILLÈRES *ou* LUMIÈRES = Grueras de las varengas ó de los desaguaderos.

ANGUILLES POUR FAIRE LE BER D'UN BATIMENT QU'ON VEUT LANCER A LA MER = Anguilas ó Basolas.

ANNEAU, BOUCLE = Argolla.

GROS ANNEAU, GROSSE BOUCLE = Argollon.

ANNEAUX DE CHALOUPE = Argollas de la lancha.

ANNEAUX A FICHE = Pernos con argollas arponado.

ANNEAUX DES VERGUES = Argollas de las vergas.

ANNEAUX DE BOIS POUR LES VOILES D'ÉTAI = Arcos.

ANNULER UN SIGNAL = Anular una señal, Anulacion de la señal.

ANORDIE *ou* UN FORT VENT DU NORD = Viento furioso del Norte, Anordía.

ANSE, BAIE OUVERTE, RADE FORAINE = Ensenada.

ANSPECT = Espeque.

GROS ANSPECTS = Espeques grandes.

ANTENNE, VERGUE = Entena ó Antena.

LES AMARRAGES QUI RETIENNENT LES PIÈCES D'UNE ANTENNE *ou* LES ROUSTURES FAITES SUR UNE ANTENNE = Enchinas de una entena.

LES OSTES D'UNE ANTENNE = Las ostas de la pena.

ANTENNE DE BARRIQUES = Andana de pipas.

A-PIC, ÊTRE A PIC = Estar á pique.

L'ANCRE EST A PIC = El áncla está á pique.

CÔTE A PIC = Costa á pique.

VIRER A PIC = Virar á pique.

APIQUER UNE VERGUE = Embicar una verga, Amantillar una verga.

APIQUER LA CIVADIÈRE A TRIBORD = Embicar la cebadera á estribor.

APIQUER AU VENT = Embicar al viento.

APLOMB *ou* D'APLOMB = A plomo, Derechamente.

APOSTILLE SUR UN RÔLE = Apostilla, Nota, Informe.

APOTRES, LES DEUX APÔTRES = Guias del bauprés, Columnas, Astas de proa para los escobenes.

APPARAUX = Aparejos.

APPAREIL FAIT AVEC DEUX AIGUILLES POUR DÉMATER *ou* POUR ENLEVER DE GROS FARDEAUX = Cabría.

APPAREIL FAIT SOIT AVEC LA VERGUE DE MISAINE POUR MATER UN BEAUPRÉ, SOIT AVEC LA GRANDE VERGUE POUR EMBARQUER DES CANONS *ou* TOUT AUTRE POIDS CONSIDÉRABLE = Pescante.

APPAREILLAGE, ÊTRE EN APPAREILLAGE, ÊTRE EN PARTANCE = Estar en franquía.

SE METTRE EN APPAREILLAGE = Ponerse en franquía.

APPAREILLER = Dar á la vela.

APPAREILLER VENT ARRIÈRE = Dar á la vela con viento en popa.

APPAREILLER UNE ANCRE = Aparejar un áncla.

APPAREILLER UNE VOILE = Orientar una vela.

APPEL, VENIR A L'APPEL DE SON CABLE = Hacer con el cable ó por el cable.

VENIR A L'APPEL D'UN CORDAGE = Venir en demanda de un cabo.

APPELER, CORDAGE QUI APPELLE SUR L'AVANT = Guia ó Cabo que llama á proa.

APPELER A BORD = Llamar á bordo.

APPELER A L'ORDRE = Llamar al órden.

APPELER AU QUART = Llamar á laguardia.

APPROCHER, S'APPROCHER DE LA TERRE = Acercarse de la tierra.

S'APPROCHER DU VENT = Acercarse del viento.

APPUYER, SOUTENIR, RENFORCER = Reforzar.

APPUYER LES BRAS DU VENT = Asegurar contrabolinas.

APPUYER LA CHASSE = Dar caza.

ARAIGNÉE = Perigallo, Araña.

ARAIGNÉE DES HUNES = Araña de las cofas.

BOIS D'ARAIGNÉE = Telera para perigallo.

MARTICLES D'ARAIGNÉE = Pernadas de la araña.

ARBALÈTE A GLACE = Ballestilla de reflexion.

ARBORER UN MAT = Arbolar un palo.

ARBORER LES MATS, MATER UN VAISSEAU = Arbolar un navío.

ARBORER UN PAVILLON = Arbolar una bandera.

ARC, COURBURE QUE PRENNENT LES VIEUX VAISSEAUX = Quebranto.

Arc du vaisseau = El quebranto del navío.

L'arc au commencement des rabattues = Arco ó Cabeza de los tablones de los castillos.

L'arc supérieur de la poupe d'une frégate marchande *ou* le couronnement et les montans = El montante y coronamiento de popa de una fragata mercantil.

Arc, règle pliante *ou* montée = Arco.

ARC-BOUTANT ferré = Palanca de desatracar.

Les arcs-boutans des colombiers = Contretes.

ARCASSE = Quadra de popa.

Barres d'arcasse = Cochinatas.

Courbe d'arcasse = Curva coral.

ARCHIPEL = Archipíelago.

ARCHIPOMPE = Caxa de bomba, Arca de bomba.

ARCHITECTURE navale = Arquitectura naval.

ARDENT = Ardiente.

Vaisseau ardent = Navío ardiente.

ARGANEAU *ou* organeau de l'ancre = Arganeo del áncla.

ARGOUSIN = Arguzino.

ARMADILLE, petite armée navale = Armadilla.

ARMATEUR, propriétaire d'un batiment = Armador.

ARMÉE navale, flotte de guerre = Armada.

Les aîles d'une armée = Las alas de una armada.

ARMEMENT d'un batiment, le matériel nécessaire a l'équipement d'un vaisseau = Armamento.

Armement complet en officiers, canonniers, matelots et soldats, et en matériel, *suivant le tarif prescrit par les ordonnances* = Dotacion de un barco.

ARMEMENT EN ÉQUIPAGE = Tripulacion.

ARMEMENT D'UN BATEAU, *ou* D'UN CANOT EN HOMMES ET OBJETS D'ÉQUIPEMENT = Esquifacion.

> Nota. *Chaque embarcation doit avoir ses mâts, ses vergues, ses voiles et ses avirons* — Cada bote debe tener su esquifacion de palos, vergas *ó* botabarcas, velas y remos.

ARMER UN VAISSEAU = Armar, Aparejar un navío.

ARMER UN VAISSEAU DE GUERRE, LUI DONNER LES HOMMES ET LES OBJETS FIXÉS PAR LES ORDONNANCES POUR SON ARMEMENT COMPLET = Dotar un navío de guerra.

ARMER UN VAISSEAU, LUI DONNER SON ÉQUIPAGE = Tripular un navío.

ARMER UN CANOT = Armar un bote.

ARMER LES AVIRONS = Armar los remos.

ARMER UNE PRISE = Armar una presa.

ARMURIER D'UN VAISSEAU = Armero de un navío.

ARQUER, SE CASSER; UN VAISSEAU ARQUÉ = Quebrarse *ó* Quebrantarse; un navío quebrado.

PONT ARQUÉ = Cubierta quebrada.

QUILLE ARQUÉE = Quilla quebrada.

ARRIÈRE D'UN VAISSEAU = Popa.

LES FAÇONS DE L'ARRIÈRE = Los cucharros *ó* delgados de popa.

LE TIRANT D'EAU DE L'ARRIÈRE = El calado de popa.

LES VOILES DE L'ARRIÈRE = Las velas de popa.

ARRIVER VENT ARRIÈRE = Arribar con viento á popa cerrado.

COURIR DROIT VENT ARRIÈRE = Navegar con viento á popa cerrado.

LAISSER UN VAISSEAU DE L'ARRIÈRE = Dexar un navío atras.

RESTER DE L'ARRIÈRE = Quedar atras.

ARRIÈRE-GARDE

ARRIERE-GARDE = Retaguardia.

ARRIMAGE = Enjunque, Estiva.

Arrimage, *en parlant du* lest en fer *ou* en pierre que l'on arrime = Enjunque.

Changer l'arrimage = Mudar el enjunque.

Faire l'arrimage = Hacer el enjunque.

Mauvais arrimage = Enjunque que no está bien hecho.

Arrimage de plans de barriques *ou* de marchandises = Estiva.

ARRIMER, placer le lest = Enjuncar.

Vaisseau mal arrimé = Navío que no está bien enjuncado.

Arrimer des marchandises = Estivar ó Arrumar.

Arrimer, abaroter = Abarrotar.

Batiment chargé, abaroté = Barco abarrotado.

ARRIMEUR = Estivador.

ARRISER, amener, filer, mollir = Arriar.

ARRIVE! = Arriba!

N'arrive pas! = No arriba!

N'arrive pas plus! = No arriba mas!

Arrive tout! = Arriba todo!

Arrive vent arrière! = Arriba viento en popa!

ARRIVÉE = Arribada.

Lieu d'arrivée = Lugar de arribada.

ARRIVER, obéir au vent = Arribar.

Arriver en dépendant, en rondissant = Arribar poco á poco para montar un cabo.

Arriver, prendre terre = Arribar, Llegar.

Arriver sur un vaisseau, sur l'ennemi = Arribar sobre un navío, sobre el enemigo.

Arriver tout = Arribar todo.

Arriver tout plat = Arribar todo para correr viento en popa.

Arriver vent arrière = Echar en vela ó Arribar para correr viento en popa.

ARRONDIR un cap = Montar un cabo.

ARSENAL de marine = Arsenal de marina.

ARTILLERIE d'un vaisseau = Artillería de un navío.

Artillerie de terre = Artillería de tierra.

Parc d'artillerie dans un arsenal = Parque.

Pièce d'artillerie = Pieza de artillería.

ARTIMON, mat d'artimon = Palo de mesana.

Vergue d'artimon = Verga de mesana.

Voile d'artimon = Vela de mesana.

Artimon a gui = Mesana á cangreja y botabarra larga.

Artimon en trapèze, demi-artimon = Mesana á la capuchina.

Artimon triangulaire = Mesana entera.

Cargues d'artimon = Candalizas ó Cargaderas de la mesana.

Changer l'artimon = Cambiar la mesana.

ASSÉCHER, découvrir = Velar.

Les roches assèchent, découvrent = Las piedras velan.

ASSEMBLAGE, pièces d'assemblage pour faire des mats; les principales se nomment *Chapuces*; les plus petites, pour remplissage, *Enchiduras*; les deux jumelles qui, dans la construction espagnole, forment le ton des bas mats, *Gimelgas de cabeza*.

Assemblage a queue d'hironde = Ayuste con cola de pato.

ASSIETTE D'UN VAISSEAU = Asiento de un navío.
    METTRE UN VAISSEAU DANS SON ASSIETTE = Dar á un navío su asiento.

ASSUJÉTIR UN MAT = Sujetar un palo.
    ASSUJÉTIR LA MATURE = Sujetar la arboladura.

ASSURANCE = Seguro.
    CHAMBRE D'ASSURANCE = Cámara de aseguracion.
    POLICE D'ASSURANCE = Aseguracion.

ASSURÉ, VAISSEAU ASSURÉ = Navío asegurado.

ASSURER UN VAISSEAU = Asegurar un navío.
    ASSURER DES MARCHANDISES = Asegurar unas mercancías.

ASSUREUR = Asegurador.

ATELIER = Obrador.
    ATELIER DES CHARPENTIERS = Obrador de los carpinteros de ribera.
    ATELIER DE CORDERIE = Obrador de cordería.
    ATELIER DE LA FERBLANTERIE = Farolería.
    ATELIER DES FORGERONS = Obrador de los forjadores.
    ATELIER DE LA GARNITURE = Recorrida.
    ATELIER DE LA MATURE = Obrador de la arboladura.
    ATELIER DES MENUISIERS = Obrador de los carpinteros de obra prima.

ATLAS = Atlas ó Atlante.

ATTAQUE = Ataque.

ATTAQUER L'ENNEMI = Atacar al enemigo.

ATTEINDRE UN VAISSEAU = Alcanzar un navío.

ATTENDRE *ou* ESPÉRER N DE VAISSEAUX = Aguardar N de navíos.

ATTENTION! = Atencion! Cuidado!

ATTÉRAGE = Recalada.

ATTÉRER *ou* ATTÉRIR = Recalar sobre la tierra.

ATTOLES, GROUPES D'ÎLES = Grupo de pequeñas islas.

ATTRAPER, JOINDRE, SAISIR, TENIR BON = Alcanzar, Agarrar.

ATTRAPES, *deux forts palans employés dans la manœuvre d'abattre un vaisseau en carène* = Trapas, Varloas.

AU PLUS PRÈS, ÊTRE AU PLUS PRÈS DU VENT = Estar ceñido.

 VAISSEAU AU PLUS PRÈS = Navío que está ceñido.

 AU VENT DE NOUS, *ou* CE QUI EST DU CÔTÉ DU VENT = A barlovento.

AUGE A GOUDRON = Tina de alquitran.

 AUGE POUR LA MEULE A AIGUISER = Tornajo.

AULOFFÉE = Orzada.

 FAIRE UNE AULOFFÉE = Hacer una orzada.

AUMONIER = Capellan.

AUSSIÈRE *ou* CORDAGE UNE FOIS COMMIS = Guindaleza.

 AUSSIÈRE DE TOUÉE = Espia.

 AUSSIÈRE A DEUX, TROIS, QUATRE TOURONS = Cabo de dos, tres ó quatro cordones.

 FORTE AUSSIÈRE = Guindaleza fuerte.

 FILIN TRAVAILLÉ EN AUSSIÈRE = Xarcia aguindalezada.

AVANCES QU'ON DONNE AUX MATELOTS SUR LEURS GAGES = Buena cuenta, Prestamen.

AVANT DU VAISSEAU RELATIVEMENT A SA CONSTRUCTION = Proa del navío.

 AVANT FORT ÉLANCÉ = Proa que tiene mucho lanzamiento.

Avant maigre = Chupado de proa.

Avant renflé *ou* avant jouflu = Navío muy lleno de proa.

Vaisseau sur l'avant = Navío aproado.

La partie de la carène de l'avant qui bat la mer = Batidero de proa.

AVANT-GARDE = Vanguardia, Avanguardia.

AVARIE = Avería.

Avarie grosse *ou* commune = Avería gruesa.

Avarie ordinaire, chapeau et autres frais = Avería ordinaria, sombrero y otros gastos.

Avarie simple *ou* particulière = Avería particular.

AVARIÉ = Averíado.

AVEUGLER une voie d'eau = Tapar un agua, Coger un agua.

Aveugler *ou* boucher avec des prelarts, *ou* une voile lardée = Emparchar ó Poner parches.

AVIRON = Remo.

Pelle d'aviron = Pala de un remo.

Aller a l'aviron = Ir al remo.

Armer les avirons = Armar remos.

AVIRONNERIE = Obrador de remos.

AVISO, paquebot = Aviso, Correo.

AVITAILLEMENT = Avitualla.

AVITAILLER = Avituallar.

AXIOMÈTRE = Axíometro.

AZIMUTAL, compas azimutal = Aguja azimutal.

BABORD = Babor.

     LE CÔTÉ DE BABORD = La banda de babor.

     BABORD LA BARRE! = Babor la caña!

     BABORD UN PEU! = Babor un poco!

     BABORD TOUT! = Babor todo!

BABORDAIS (LES) = Guardia de babor.

BAC = Barco de pasage.

BADERNE = Baderna, Badernon, Pallete.

     METTRE UNE BADERNE = Abadernar.

BAGUE POUR ENVERGUER UNE VOILE = Argolla, Garrucho.

BAIE = Bahía.

BAILLE = Tina.

     UNE PETITE BAILLE = Una pequeña tina.

     BAILLE DE COMBAT = Tina de combate.

     BAILLE A DRISSE = Tina de driza.

     BAILLE DE SONDE = Tina de sonda.

BAISSER, *en parlant de la mer* = Vaciar.

     LA MER BAISSE = El agua vacia.

BALAI = Escoba.

BALANCIER D'UNE BOUSSOLE = Esfera, Exe, Polo de la aguja.

BALANCINES = Amantillos.

     LES BALANCINES DE GRANDE VERGUE = Los amantillos de verga mayor.

     LES BALANCINES DE MISAINE = Los amantillos de trinquete.

     LES BALANCINES DU GRAND HUNIER = Los amantillos de gavia.

     LES BALANCINES DU PETIT HUNIER = Los amantillos de velacho.

Les balancines du grand perroquet = Los amantillos de juanete mayor.

Les balancines du petit perroquet = Los amantillos de juanete de proa.

Les balancines du perroquet de fougue = Los amantillos de sobremesana.

Les balancines de la vergue sèche = Los amantillos de verga seca.

Les balancines de la perruche = Los amantillos de periquito ó de juanete de sobremesana.

Les balancines de la civadière = Los amantillos de cebadera.

Les balancines de' la contre-civadière = Los amantillos de contracebadera.

Balancines d'artimon = Amantillos de mesana.

Balancines de gui = Amantillos de la botabarra.

Balancines doubles = Amantillos dobles.

Balancines simples = Amantillos simples.

Fausses balancines = Contra-amantillos.

Peser sur les balancines pour tenir les vergues en croix = Amantillar las vergas.

BALESTON *ou* livarde = Botabarra.

BALISE = Baliza.

Droit de balise = Derecho de baliza.

Roche marquée par une balise = Marca sobre una peña.

BALISER une passe, un canal = Abalizar.

BANC de brume = Neblina, Cerazon.

Banc d'un canot = Banco de un bote.

Banc d'une chaloupe = Banco de una lancha.

Banc de glace = Banco de hielo.

Banc de rameur = Banco de remero.

BANC DE ROCHE = Restinga , Arrecife.

BANC DE SABLE ET D'ARGILLE = Banco de arena ý ar-
cilla.

BANDE, DONNER A LA BANDE, *en parlant d'un bâtiment
que l'on met sur le côté* = Tumbar.

DONNER UNE DEMI-BANDE, DEMI-CARÈNE = Dar péndoles.

LARGUER EN BANDE = Largar en banda.

BANDE DE RIS = Faxa de rizos.

BANDE DU NORD, LA CÔTE DU NORD = Banda del norte.

BANDE DU SUD, LA CÔTE DU SUD = Banda del sud.

BANDES DE FER POUR UNIR LA QUILLE = Planchuelas
de hierro para unir la quilla.

BANDES DE TOILE POUR COUVRIR LES COUTURES =
Encerados de las costuras.

BANDEROLLE = Flámula.

BAPTÈME EN MER = Bautismo.

BAPTISER = Bautizar.

BARAQUETTE, RATEAU DE POULIE = Telera.

BARATTERIE DE PATRON = Baratería.

BARBARASSE = Boza de gancho.

BARBE, SAINTE-BARBE = Santa Bárbara.

BARBEJEAN , SOUS-BARBE DE BEAUPRÉ = Barbiquejo.

BARBEYER = Flamear, Ir tocando , Tocar.

BARDIS = Cubichete.

BARIL DE GALÈRE *ou* BARIL A L'EAU = Barril de agua.

BARQUE = Barca.

BARQUE D'AVIS = Embarcacion de aviso , de correo.

BARRE, BANC DE SABLE = Barra.

BARRE D'UN PORT = Cadena de un puerto.

BARRE D'ÉCUSSON *ou* D'ARCASSE = Contrayugo.

Barre *ou* lisse d'hourdi = Yugo principal.

Barre du premier pont = Yugo de la primera cubierta.

Première barre, *ou* fourcat d'ouverture = Cochinata.

Barre de justice = Barra de prision.

Barre a tressillonner = Espeque para tortorar un cabo.

Barre du gouvernail = Caña del timon.

Palans de la barre du gouvernail = Estrelleras ó Aparejos de la caña del timon.

Démonter la barre du gouvernail = Desmontar ó Quitar la caña del timon.

Barre franche = Punzonte.

Barre a arriver! arrive! = Arriva! Barlovento la caña!

Barre a venir au vent! = Orza! Sotavento la caña!

Babord la barre! = Babor la caña!

Tribord la barre! = Estribor la caña!

Droit la barre! = Derecho la caña.

Barres d'arcasse, *en général* = Puercas ó Cochinatas.

Barres de cabestan = Barras de cabrestante.

Barres de cuisine = Barras de cocina.

Barres d'écoutilles en fer = Barras de hierro para escotillas.

Barres de hune *ou* élongis = Baos.

Barres traversières sur la hune *ou* traverses doubles = Crucetas sobre la cofa.

Barres de perroquet = Crucetas de juanete.

BARRIQUE = Barril.

BARROT, bau = Bao.

BARROTINS, petits barrots = Barrotines.

BAS, vaisseau de bas bord = Navío de baxo bordo.
    Bas-fond = Laxa.

BASSE, haut fond = Baxo.
    Basse mer, mer basse = Baxa mar.
    Basses vergues = Vergas mayores.
    Basses voiles = Velas mayores.

BASSIN de construction, forme pour construire = Dique.
    Les bancs dans un bassin = Los bancos en un dique.
    Largeur totale d'un bassin = Manga del dique.
    Longueur de bassin = Eslora del dique.

BASTINGAGE pour mettre a l'abri des coups de feu = Trinchera.
    Filets de bastingage = Redes de combate.

BASTINGUER un vaisseau = Trincherar un navío, Hacer trincheras.

BATARD de racage = Bastardo.

BATAYOLLE = Batallola.
    Batayolles des bastingages des passavants = Batallolas levadizas de los pasamanos.

BATEAU = Bote, Batel, Barco.
    Bateau lesteur, chalan, gabarre = Gabarra, Barco de lastre.
    Bateau de loch = Barquilla de la corredera.
    Bateau de passage = Barco de pasage.
    Bateau de pêche = Bote de pescador.

BATIMENT en général = Buque.
    Batiment, navire de toute espèce = Barco.
    Batiment bordé a clin = Barco tinglado.
    Batiment crevé dont les trous sont bouchés avec des prélarts *ou* des voiles lardées = Barco emparchado.

BATIMENT DÉSEMPARÉ, QUI A TOUT EN PANTENNE =
Barco desmantelado.

BATIMENT A FOND PLAT = Barco llano.

BATIMENT DE GUERRE = Barco de guerra.

BATIMENT JALOUX, BATIMENT FOIBLE DU CÔTÉ = Navío que aguanta mucho.

BATIMENT A UN MAT = Balandra.

BATIMENT A TROIS MATS = Fragata.

BATIMENT PARLEMENTAIRE = Navío parlamentario,
Bandera de paz.

BATIMENT PONTÉ = Embarcacion cubierta.

BATIMENT A POUPE ÉTROITE = Barco con popa de
pinque.

BATIMENT A POUPE CARRÉE = Barco con popa llana.

BATIMENT A POUPE RONDE = Barco con popa de cucharro ó redonda.

BATIMENT DE TRANSPORT = Barco ó Navío de transporte.

BATIR, CONSTRUIRE UN BATIMENT = Construir un barco.

BATON D'ENSEIGNE *ou* MAT DE PAVILLON = Asta de
bandera.

BATON DE FLAMME = Asta de gallardete.

BATON DE FOC = Botalon del foque, Botalon del bauprés.

BATON, GAFFE *ou* PERCHE = Asta con su bichero.

BATON DE GIROUETTE = Asta ó Astilla de la grimpola.

BATON DU GUIDON = Vergilla.

BATON DE PAVILLON DE BEAUPRÉ = Asta de bandera
del bauprés.

BATTERIE = Batería.

BATTERIE BASSE = Batería baxa.

BATTERIE, CANONS = Artillería.

METTRE LA BATTERIE AUX SABORDS = Poner ó Meter
los cañones en batería.

BATTERIE A LA SERRE = Batería batiportada.

METTRE LA BATTERIE A LA SERRE = Batiportar la artillería.

BATTERIE, COMME CELLE D'UN FUSIL, POUR METTRE LE FEU AU CANON = Llave para cañon.

BATTERIE NOYÉE = Batería ahogada.

LA PREMIÈRE BATTERIE = La primera batería.

LA SECONDE BATTERIE D'UN VAISSEAU A DEUX PONTS *ou* LA TROISIÈME D'UN VAISSEAU A TROIS PONTS = Batería de combes.

LE MILIEU DE LA BATTERIE *ou* DU PONT = Cruxía.

BATTRE, *en parlant des voiles qui battent lorsqu'on les cargue par un gros temps* = Zapatear, Gualdropear, Dar socolladas.

BATTRE LA CHARGE, POUSSER LA CHARGE AU FOND DU CANON = Atacar la carga.

BATTRE EN CÔTE, VENT QUI BAT EN CÔTE = Viento de travesía.

BATTUE, MER BATTUE = Mar de embate, Mar encontrada.

BAU, LARGEUR D'UN BATIMENT = Manga.

BAU, BARROT = Bao.

MAÎTRE-BAU = Bao principal, Bao maestro.

FAUX-BAUX *ou* BAUX DU FAUX-PONT, BAUX VOLANTS = Baos en el aire, Baos levadizos, Baos de quita y pon, Baos del sollado.

BAUME (*véase* BOME *ou* GUI).

BAUQUIÈRE = Durmiente.

BAYE (*véase* BAIE).

BEAUPRÉ = Bauprés.

Haubans de beaupré = Mostachos, Vientos ó Pataraes del bauprés.

Mat de beaupré = Palo de bauprés.

Perroquet de beaupré = Contracebadera, Sobrecebadera.

BEC de l'ancre = Uña del áncla, Pico del áncla.

Bec de corbin, espèce de fer a calfat = Mahujo ó Majujo.

BÉLANDRE = Balandra.

BELLE mer = Mar llana.

BÉQUILLE pour empêcher un batiment échoué de tomber sur le côté = Puntal.

Mettre des béquilles = Apuntalar.

BER ou berceau pour lancer un batiment a la mer = Bazos.

Anguilles ou coites du ber = Anguilas ó Basolas.

Colombiers d'un ber = Columnas.

Arc-boutants des colombiers du ber = Contretes.

Les roustures du ber = Las trincas.

BERNE, pavillon en berne = Bandera en moron.

BIDON pour un plat de matelots = Gabeta.

BIGOT pour racage = Liebre.

BIGUE = Puntal.

Bigues ou aiguilles pour faire un appareil a mater = Bordones, Cabría.

BILLARD, barre de fer qui sert pour chasser les cercles des mats = Barra de enzunchar.

BISCUIT = Galeta.

BITORD = Meollar.

Bitord de N fils = Meollar de N hilos.

Pelotte de bitord = Ovillo de meollar.

BITTER LE CABLE = Bitar el cable.

BITTES POUR LES CABLES = Bitas.

    CARLINGUE DES BITTES = Carlinga de las bitas.

    COURBES DES BITTES = Curvas de las bitas.

    MONTANS DE BITTES, PILIERS DES BITTES = Columnas de las bitas.

    PAILLE DE BITTES = Paja de bitas.

    TRAVERSIN *ou* COUSSIN DES BITTES = Cruceta de las bitas.

    PRENDRE LE TOUR DES BITTES, PRENDRE UNE BITTURE = Tomar bitadura.

    LEVER LES TOURS DE BITTES = Quitar bitadura.

    BITTES, AU PIED DES MATS POUR DRISSES *ou* ÉCOUTES = Abitones ó Avitones.

    LES BITTES LATÉRALES DU VINDAS = Las bitas del molinete.

BITTURE, PRENDRE UNE BITTURE DE N BRASSES = Tomar bitadura de N brazas.

BLIN POUR ENFONCER DES CHEVILLES = Martinete, Drado ó Drago.

BLINDAGE = Blindage.

BLINDER = Hacer blindage.

BLOQUER UN PORT = Bloquear un puerto.

BOIS D'ARRIMAGE = Leña de estiva.

    BOIS DE CONSTRUCTION = Madera de construccion.

    BOIS COURBANS, BOIS TORS = Palos de vuelta.

    BOIS CRIBLÉ PAR LES VERS = Madera abrumada.

    BOIS DE DÉMOLITION = Madera de desbarato.

    BOIS DROIT, BOIS DE HAUTE FUTAIE = Palo derecho.

    BOIS DE FRÊNE = Madera de fresno.

    BOIS DE GAYAC = Madera de palo santo.

    BOIS DE HÊTRE = Madera de haya.

Bois d'ormeau *ou* d'orme = Madera de olmo.

Bois de sapin = Madera de pino.

Bois vif = Madera verde.

BOITE *ou* caisse de compas d'habitacle = Mortero para aguja.

Boîte *ou* tuyau de plomb dans les écubiers = Forro ó Canal de plomo en los escobenes.

Boîtes de fer-blanc pour mitraille = Cartuchos por metralla.

BOMBARDE = Bombarda.

BOMBARDER = Bombear.

BOMBE = Bomba.

La fusée d'une bombe = La espoleta.

BOME, gui = Botabarra.

BOMERIE, grosse aventure = Aventura gruesa.

BONACE = Bonanza, Calma.

BONNETTE = Ala, Rastrera.

Bonnette de misaine = Rastrera de trinquete.

Bonnette d'artimon = Rastrera de mesana.

Bonnette de grand hunier = Ala de gavia.

Bonnette de petit hunier = Ala de velacho.

Bonnette de grand perroquet = Ala del juanete mayor.

Bonnette de petit perroquet = Ala del juanete de proa.

Bonnette de perroquet de fougue = Ala de sobremesana.

Bonnettes sur les perroquets volans, *ou* voiles triangulaires = Alas de sobrejuanetes.

Bonnette lardée = Boneta felpada.

Œillets *ou* gances qui servent pour lacer les bonnettes aux voiles = Badazos.

BONNETTE MAILLÉE *ou* LACÉE = Segunda boneta.

BORD = Bordo

BORD A BORD = Bordo á bordo.

CHANGER DE BORD, VIRER DE BORD = Cambiar de bordo, Virar de bordo.

UN BON BORD, UN BORD QUI ALLONGE = Un buen bordo, Una bordada larga.

UN MAUVAIS BORD = Un bordo corto, Una bordada corta.

BORD DE LA MER = Playa.

BORD D'UN VAISSEAU = Bordo del navío.

VENIR A BORD = Venir á bordo.

BORDAGE, PLANCHE PLUS OU MOINS ÉPAISSE = Tabla.

BORDAGES, *en parlant en général* = La tablazon.

BORDAGES DES CÔTÉS EXTÉRIEURS D'UN VAISSEAU = Tablones del forro exterior de un navío.

BORDAGES DES FLEURS DU VAISSEAU = Tablas de los cantos del pantoque.

BORDAGES DE LA FLOTTAISON = Cosederos.

BORDAGES DE FOND = Tablones del pantoque *ó* del fondo del navío.

BORDAGES MINCES = Tablas poco gruesas.

BORDAGES DES PONTS = Tablas de las cubiertas.

BORDAGES D'ENTRE LES PRÉCEINTES = Tablas entre las cintas.

BORDAGES DU VIBORD *ou* LES BORDAGES ENTRE LA DERNIÈRE PRÉCEINTE ET LE PLAT-BORD = Las tablas del costado entre la cinta de cadena y la regala.

LES BORDAGES ET LES VAIGRES DU FOND DU VAISSEAU = Tablazon exterior é interior del fondo del navío.

TOUS LES BORDAGES DU PETIT FOND SONT PIQUÉS DE

VERS

VERS = Toda la tablazon del pantoque está pasada de broma.

BORDANT (LE) D'UNE VOILE = El pujámen de una vela.

BORDÉE *ou* QUART = Guardia.

LA BORDÉE DE BABORD = Guardia de babor.

LA BORDÉE DE TRIBORD = Guardia de estribor.

BORDÉE, COURSE D'UN BATIMENT, FAIRE UN BORD EN LOUVOYANT = Bordada, Vuelta.

COURIR A PETITES BORDÉES = Hacer bordadas cortas.

FAIRE UNE BORDÉE, UN BORD = Hacer una bordada.

PRENDRE LA BORDÉE DE TERRE = Tomar la vuelta de tierra.

BORDER UN BATIMENT, CLOUER SES BORDAGES, SES CÔTÉS = Entablar un barco.

BORDER LE PONT = Entablar la cubierta.

BORDER EN CARVELLE, A JOINTS CARRÉS = Tablas unidas con los cantos de manera que hacen una costura ordinaria.

BORDER UNE VOILE, HALER SUR L'ÉCOUTE = Cazar la escota.

BORDER ET BRASSER AU VENT, EN SORTE QUE LE VENT NE SOIT PAS AU PLUS PRÈS = Bracear por barlovento quando el viento viene mas largo.

BORDER L'ARTIMON = Cazar la mesana.

BORDER LES ÉCOUTES = Cazar las escotas.

BORDER TOUT PLAT, AMURER TOUT BAS = Amurar á besar, Cazar á besar.

BORDER LES ÉCOUTES TOUT PLAT = Cazar las escotas á besar.

BORDER LA MISAINE TOUT PLAT = Cazar la mesana á besar.

BORDIGUE = Corral.

BORDURE (*véase* BORDANT).

BOSSE = Boza.

BOSSE DEBOUT D'UNE ANCRE = Capon del áncla.

BOSSE DU BOUT-DEHORS DES BONNETTES = Boza ó Rabiza de los botalones de las alas.

BOSSE A BOUTON, BOSSE DE DESSUS LE PONT, A CUL DE PORC = Boza de piña.

BOSSE A CROC *ou* BARBARASSE = Boza de gancho.

BOSSE A ÉGUILLETTE = Boza del cable con piña y bayben.

BOSSE A FOUET = Boza de los obenques, Boza de combate.

BOSSES DE RIS, RABANS DE POINTURE = Bozas de los rizos.

AIGUILLETTE DE BOSSE = Rabiza de boza.

SERRE-BOSSE = Boza de uñas.

BOSSEMAN = Gardian del contramaestre ó Segundo contramaestre.

BOSSER L'ANCRE = Bozar el áncla.

BOSSER LE CABLE = Bozar el cable.

BOSSER UN CORDAGE = Bozar una xarcia.

BOSSER LES VERGUES = Bozar las vergas.

BOSSOIR, TOUTES LES PIÈCES DE BOIS QUI FORMENT LE BOSSOIR = Serviola.

LA PARTIE DU BOSSOIR QUI FAIT SAILLIE EN DEHORS, ET AU BOUT DE LAQUELLE SONT LES RÉAS POUR LE GARANT DE CAPON = Pescante de la serviola.

BOUCHER, ÉTANCHER, AVEUGLER UNE VOIE D'EAU = Tapar un agua.

BOUCHONS, TAMPONS *ou* TAPES, VALETS = Tapas, Corchas, Tacos.

BOUCLE = Argolla.

PITON A BOUCLE = Cáncamo con argolla.

BOUDINURE (*véase* EMBOUDINURE).

BOUÉE D'ANCRE = Boya.

BOUÉE EN BARIL = Boya de barril.

BOUÉE DE BOIS = Boya de palo.

BOUÉE DE LIÉGE = Boya de corcho.

BOUÉE DE SAUVETAGE = Guindola.

LA BOUÉE EST NOYÉE = La boya está ahogada.

SAISIR LA BOUÉE = Agarrar la boya.

BOUÉE, BALISE = Baliza.

BOUGE, *terme de construction* = Vuelta.

BOUGE *ou* TONTURE DES BAUX = Vuelta de los baos.

BOUGE HORIZONTAL DONT LE DOS EST EN BAS = Curvatura orizontal con el dorso abaxo.

BOUGE HORIZONTAL DONT LE DOS EST EN DEDANS = Curvatura orizoutal con el dorso á dentro.

BOUGE HORIZONTAL DONT LE DOS EST EN DEHORS = Curvatura orizontal con el dorso por fuera.

BOUGE VERTICAL DONT LE DOS EST EN HAUT = Curvatura vertical con el dorso en alto.

BOULET = Bala.

BOULETS ENCHAINÉS, BOULETS A L'ANGE = Balas encadenadas ó de cadena.

BOULETS RAMÉS *ou* A DEUX TÊTES = Balas de palanqueta ó enramadas.

DEMI-BOULETS RAMÉS = Balas de dos cabezas ó de palanqueta francés.

BOULETS RONDS = Balas razas.

BOULETS ROUGES = Balas roxas.

BOULINE = Bolina.

BOULINE DE LA GRAND'VOILE *ou* GRANDE BOULINE = Bolina mayor.

Bouline de la misaine = Bolina del trinquete.

Bouline du grand hunier = Bolina de gavia.

Bouline du petit hunier = Boliche de velacho.

Bouline du grand perroquet = Boliche del juanete mayor.

Bouline du petit perroquet = Boliche del juanete de proa.

Bouline du grand perroquet volant = Boliche del sobrejuanete mayor.

Bouline du petit perroquet volant = Boliche del sobrejuanete de proa.

Bouline du perroquet de fougue = Boliche de sobre-mesana.

Bouline de la perruche = Boliche del periquito.

Bouline de revers = Bolina de sotavento.

Bouline du vent = Bolina de barlovento.

Hale la grande bouline! = Hala bolina de la mayor!

Hale la bouline du petit hunier! = Hala boliche del velacho!

Hale la bouline de perruche! = Hala boliche del periquito!

Branches de bouline = Poas de bolina, Machos y hembras de bolina : *Bolina s'emploie particulièrement pour les boulines des basses voiles et du grand hunier : on dit* Boliche *pour les autres boulines.*

Nœud de bouline = Vuelta de bolina.

Pattes de bouline = Garruchos de bolina.

Aller a la bouline = Ceñir el viento, Ir de bolina.

Aller a pointe de bouline = Ir á bolina apuntada.

BOULINER, haler les boulines = Halar, Sallar bolinas.

BOULON = Perno.

BOURLET *ou* BOURRELET SUR LES VERGUES *ou* SUR LES MATS = Roñada, Guirnalda.

BOUSSOLE = Aguja marina, Aguja de marear.

BOUT *ou* TÊTE D'UN BORDAGE = Cabeza de una tabla.

  BOUT DE BEAUPRÉ = Pequeño bompreso.

  BOUT DE CABLE = Trozo de cable.

  BOUT D'UN CORDAGE, BOUT DE CORDE = Cabo, Chicote, Trozo de cabo.

  ENVOYER LE BOUT EN BAS = Mandar el chicote abaxo.

  BOUT DU TON D'UN MAT = Espiga de un palo.

  BOUT D'UNE VERGUE = Penol de una verga.

  PALAN DE BOUT DE VERGUE = Aparejo del penol.

BOUT-DEHORS DE BONNETTE = Botalon de ala.

  BOUT-DEHORS DE FOC = Botalon del foque.

  BOUT-DEHORS POUR DÉFENDRE L'APPROCHE D'UN BRU-LOT = Perchas para defender el abordage de un brulote.

  BOUT-DE-LOF, PORTE-LOF *ou* MINOIS = Servioleta ó Pescante de la amura.

  BOUT DU PIC, *le bout de la corne d'artimon* = Pena de la verga de mesana.

BOUTE-FEU = Mechero, Botafuego.

BOUTE-HORS (*véase* BOUT-DEHORS).

BOUTEILLES = Jardines.

  FAUSSES-BOUTEILLES = Jardines fingidos.

BOUTON *ou* PATTE D'UNE BONNETTE MAILLÉE = Badaza de una boneta, Las poas.

BRAGUE DE CANON = Braguero de cañon.

  BRAGUE DE GOUVERNAIL = Braguero ó Boza del timon.

  BRAGUE A TIRER UN VAISSEAU A TERRE = Braguero grande para tirar un navío á tierra.

BRAGUET POUR MAT DE HUNE = Ayuda de virador ó Baticolo.

BRAI = Brea.

 BRAI GRAS = Brea grasa.

 BRAI SEC = Brea seca.

BRAIE D'UN MAT = Capa.

 BRAIE DU GOUVERNAIL = Capa del timon.

 CELLE D'EN DEDANS DU GOUVERNAIL = Arandela del timon.

BRANLE ou HAMAC = Coi.

BRANLE-BAS! = Zafarancho!

 BRANLE-BAS GÉNÉRAL DE COMBAT! = Zafarancho general de combate!

 BRANLE-BAS DE PROPRETÉ! = Zafarancho de limpieza!

BRAS = Brazos ó Brazas.

 BRAS DES VERGUES = Brazos de las vergas.

 BRAS DE LA GRANDE VERGUE ou GRANDS BRAS = Brazos mayores.

 BRAS DE LA MISAINE = Brazos de trinquete.

 BRAS DU GRAND HUNIER = Brazos de gavia.

 BRAS DU PETIT HUNIER = Brazos de velacho.

 BRAS DU GRAND PERROQUET = Brazos del juanete mayor.

 BRAS DU PETIT PERROQUET = Brazos del juanete de proa.

 BRAS DU GRAND PERROQUET VOLANT = Brazos del sobrejuanete mayor.

 BRAS DU PETIT PERROQUET VOLANT = Brazos del sobrejuanete de proa.

 BRAS DU PERROQUET DE FOUGUE = Brazos de sobremesana.

 BRAS DE LA VERGUE SÈCHE, BRAS BARRÉS = Brazos secos, Brazos de la seca.

 BRAS DE LA PERRUCHE = Brazos de periquito.

Bras de la civadière = Brazos de cebadera.

Bras de la contre-civadière = Brazos de contra-cebadera.

Faux-bras = Contrabrazos.

Bras du vent = Brazos de barlovento.

Bras de dessous le vent = Brazos de sotavento.

Bras d'une ancre = Brazos de una áncla.

Bras *ou* manche d'un aviron = Guion de un remo.

Bras de la poulaine (*vease* porte-vergue).

Les bras d'une courbe = Los brazos de una curva.

Les bras d'une scie = Codales.

BRASSE, *mesure* = Braza.

> *Nota.* La brasse espagnole vaut 6 pieds de Castille ; le pied français vaut 13 pouces 9 lignes espagnoles de Castille.

BRASSER les vergues = Bracear.

Brasser les vergues en pointe pour prendre moins de vent = Perfilar las vergas para quitar ventola.

Brasser a babord = Bracear á babor.

Brasser a tribord = Bracear á estribor.

Brasser la civadière = Bracear la cebadera.

Brasser la contre-civadière = Bracear la contrace-badera.

Brasser a contre, brasser a coiffer, brasser les voiles sur le mat = Bracear las velas en facha.

Brasser a porter, décharger les voiles = Bracear por sotavento.

Brasser au plus près, ralinguer en tenant le vent = Ceñir el viento.

Brasser carré *ou* en croix = Bracear en cruz.

Brasser au vent, faire bon bras = Bracear por barlovento.

BRASSER SOUS LE VENT = Bracear por sotavento.

BRASSER LES VOILES DANS LE VENT = Bracear al silo.

CONTRE-BRASSER UNE VOILE, POUR FAIRE PRENDRE LE VENT DESSUS = Abroquelar una vela.

BRAYER *ou* GOUDRONNER LES COUTURES D'UN VAISSEAU = Embrear las costuras de un navío ó Dar betun á un navío.

BREDINDIN, PALAN = Candaliza.

GUI DU BREDINDIN = Guia de la candaliza.

BREDINDIN FRAPPÉ SUR LE GRAND ÉTAI AU-DESSUS DU GRAND PANNEAU = Estrinque.

BRICK, *sorte de navire* = Bergantin.

BRIDER, GENOPER = Abarbetar.

BRIDER L'ANCRE = Engargar ó Engalgar el áncla.

BRIDER L'ANCRE CONTRE LE BORD AVEC LA SERRE-BOSSE = Asegurar el áncla con la boza de la uña.

BRIDURE *ou* GENOPE = Barbeta.

BRIGADIER D'UN CANOT = Proel de un bote.

BRIGANTIN (*véase* BRICK).

BRIGANTINE *ou* VOILE DE BRIGANTINE = Cangreja, Mesana cangreja.

BRIMBALE *ou* BRINGUEBALE DE POMPE = Bringabala ó Cigueñal, Guimbalete, El embólo de la bomba.

BRIN D'UN CORDAGE = Suerte.

CORDAGE DU PREMIER BRIN = Xarcia de primera suerte.

CORDAGE DU SECOND BRIN = Xarcia de segunda suerte.

BRION *ou* RINGEOT = Roda.

CONTRE-BRION, PIÈCE DE RENFORT PLACÉE INTÉRIEUREMENT = Albitana de la roda.

ÉCART DU BRION AVEC LA QUILLE = Pie de la roda.

BRISANS, ÉCUEILS = Arrecife, Restinga, Abrojos.

BRISE = Ventolina.

BRISE CARABINÉE =Fugada de viento.

BRISE DU LARGE = Viento de afuera, Viento de mar ó Virazon.

BRISE DE TERRE = Viento terral ó de tierra.

BRISÉ, BATIMENT BRISÉ SUR LA CÔTE = Barco estrellado á la costa.

BRISER, *en parlant de la mer* = Embater.

LA MER BRISE = La mar embate.

BROSSE A LAVER LE PONT = Escobilla de cerdas.

BROSSES A GOUDRONNER, VATON = Pinceles de alquitranar.

BRULOT = Brulote.

DALES D'UN BRULOT =Canales de un brulote.

ADRESSER UN BRULOT = Enviar un brulote.

BRUME = Niebla, Bruma, Cerazon.

TEMPS BRUMEUX = Tiempo de niebla.

BUCHE, BARQUE DE PÊCHEURS DE HARENGS = Barca de los pescadores de arenque.

BURIN = Burel.

BURIN POUR PASSER DANS L'ŒIL DU PENDEUR D'UNE CALIORNE = Burel.

BUTIN = Botin.

CAB

CABAN = Marselles.

CABAN A CAPUCHON = Marselles de caparusa.

CABANE, LOGEMENT DANS L'INTÉRIEUR D'UN BATIMENT = Camarote.

CABANER, CHAVIRER, RENVERSER = Zozobrar.

CABESTAN = Cabrestante.

    CABESTAN DOUBLE *ou* GRAND CABESTAN = Cabrestante doble ó Cabrestante mayor.

    CABESTAN SIMPLE *ou* PETIT CABESTAN = Cabrestante sencillo ó Cabrestante del castillo.

    CABESTAN VOLANT, VINDAS = Cabrestante volante.

    BARRES DU CABESTAN = Barras del cabrestante.

    TROUS DES BARRES = Bocabarras.

    PLATTES BANDES DE FER, QUI GARNISSENT LES TROUS DES BARRES = Avicas de las bocabarras.

    ÉCUELLE *ou* ASSIETTE DE CABESTAN = Dado de cabrestante.

    FLASQUES *ou* TAQUETS DU CABESTAN = Guardinfantes.

    MÈCHE DU CABESTAN = Madre del cabrestante.

    TÊTE DE LA MÈCHE = Cabeza de la madre.

    NOIX *ou* TÊTE DU CABESTAN = Sombrero del cabrestante.

    GARNIR LE CABESTAN = Guarnecer el Cabrestante.

    METTRE DU MONDE AU CABESTAN = Armar el cabrestante.

    VIRER AU CABESTAN = Virar al cabrestante.

    ENVOYER UN HOMME AU CABESTAN = Enviar un hombre al cañon.

CABILLOT DE TOURNAGE = Cabilla.

    CABILLOT POUR PASSER DANS L'ŒIL D'UNE DRISSE DE PAVILLON *ou* POUR ÉCOUTE DE PERROQUET = Cazonete.

    CABILLOTS, CHEVILLOTS = Cabillas, Estantes.

CABLE = Cable.

    CABLE D'AFFOURCHE = Cable de leva.

    CABLE ORDINAIRE, SECOND CABLE = Cable de uso.

    CABLE DE REMORQUE = Cabo para remolcar.

    CABLE DE TOUÉE = Calabrote.

    CABLE DE LA GRANDE TOUÉE = Cable del ayuste.

LE CABLE APPELLE = El cable hace fuerza, El navío hace por el cable.

LE CABLE A UNE COQUE = El cable tiene una coca.

LE CABLE SE RAGUE *ou* SE RONGE DANS LES ÉCUBIERS = El cable roza en los escobenes.

LE CABLE A UN TOUR = El cable toma vuelta.

FILER DU CABLE = Arriar cable.

LOVER LE CABLE, ROUER LE CABLE = Adujar el cable.

CABLEAU *ou* CABLOT D'UNE EMBARCATION = Amarra.

CABLEAU A AMARRER LA CHALOUPE *ou* A L'AIDER TRAÎNER = Contraboza, Amarra corta de la lancha.

CABLER, COMMETTRE UN CABLE = Colchar un cable.

CABOTAGE = Comercio costeño ó Costanero.

CABOTEUR, BATIMENT CABOTEUR *ou* CABOTIER = Barco de la costa ó Barco costeño.

CABRION = Caviron.

CACATOI (*véase* CATACOI).

CADENE *ou* CHAÎNE = Cadena.

CADRE, LIT = Catre.

CAGE A DRISSE = Tina de driza.

CAGE A POULES = Gallinero.

CAGNARD = Encerado.

CAILLEBOTIS = Enjaretado, Aljadrez, Jareta ó Quartel de enjaretado.

CAILLEBOTIS DES ÉCOUTILLES = Enjaretado de las escotillas.

CAILLOUX QUI COUVRENT DANS CERTAINS ENDROITS LE FOND DE LA MER = Ratones.

CAISSE D'ARMES = Caxa de armas.

CAISSE D'ARTIFICE = Caxa de artificio, Caxa de fuego.

CAISSE DES CALFATEURS = Caxa de líneas de los calafates.

CAISSE D'UN MAT DE HUNE *ou* DE PERROQUET = Coz
de un mastelero.

CAISSE D'UNE POULIE = Caxera.

CAISSON = Caxon.

LES CAISSONS DE LA GRANDE CHAMBRE = Los caxones
de la cámara.

CAISSONS A POUDRE *ou* CAISSONS A GARGOUSSES =
Caxones de cartuchos.

CAJOLER, DESCENDRE UNE RIVIÈRE CONTRE LE VENT
EN PROFITANT DU COURANT = Vacuar.

CALAISON = El calado.

CALANQUE = Caleta.

CALE, FOND DE CALE D'UN VAISSEAU = La bodega.

CALE A L'EAU = Pozo de aguada.

CALE AU VIN = Pozo del vino.

CALE, CHANTIER DE CONSTRUCTION = Astillero.

CALE POUR CONSTRUIRE = Grada.

CALE POUR DÉBARQUER = Muelle ó Rampa.

DONNER LA CALE = Zambullir ó Estar zambullido.

DONNER LA CALE PAR DESSOUS LA QUILLE = Pasar un
marinero por debaxo de la quilla.

CALE - BAS *ou* CARGUE - BAS, HALE - BAS D'UNE VOILE
= Cargadera.

CALE-BAS DES VOILES D'ÉTAI = Cargaderas de las
velas de estay.

CALER, S'IMMERGER = Calar.

LE VAISSEAU CALE = Cala el navío.

CALER *ou* RECALER UN MAT DE HUNE = Calar un
mastelero.

CALE TOUT! = Larga todo!

CALFAT = Calafate.

CALFATAGE = Calafateado.

CALFATER = Calafatear.

CALFATER LES COUTURES = Calafatear las costuras.

CALIBRE = Calibre.

CALIBRE POUR MESURER *ou* CALIBRER LES BOULETS = Pasabalas.

CALIER, GARDIEN DE LA CALE = Bodeguero.

CALIORNE = Aparejo real.

DRISSE DE CALIORNE = Driza del aparejo real.

GARANT DE CALIORNE = Veta del aparejo real.

PANTOIRE *ou* PENDEUR DE CALIORNE = Corona del aparejo real.

POULIE DE CALIORNE = Moton del aparejo real.

CALIORNE D'ARTIMON = Aparejo de mesana.

CALIORNE DU GRAND MAT = Aparejo del palo mayor.

CALIORNE DE MISAINE *ou* CANDELETTE = Aparejo de trinquete.

CALME, BONACE = Calma, Bonanza.

CALME, ÊTRE PRIS PAR LE CALME = Venir en calma.

CALME TOUT PLAT = Jacio de mar, Calma muerta.

MER CALME = Mar calma.

LA MER SE CALME = La mar se vá calmando.

TEMPS CALME = Tiempo bonancible.

CALMER, APPAISER = Calmar, Abonanzar.

CALMER, *en parlant du vent* = Afloxar.

LE VENT CALME = Afloxa el viento.

CAMBUSE = Despensa.

CAMBUSIER = Maestro de víveres.

CAMPAGNE, VOYAGE, CAMPAGNE DE MER = Campaña, Viage.

CAMPAGNE DE CROISIÈRE = Campaña de crucero.

CAMPAGNE D'ÉVOLUTIONS = Campaña de evoluciones.

CAMPAGNE DES INDES = Campaña de las Indias.

CAMPAGNE DE RADE = Campaña de bahía.

VIVRES DE CAMPAGNE = Víveres de campaña.

CAN, LA FACE LA MOINS LARGE D'UNE PIÈCE DE BOIS = El canto de una tabla.

CANAL *ou* CHENAL = Caño.

CANDELETTE = Estrellera.

GARANT DE CANDELETTE = Veta de estrellera.

CANON = Cañon.

LONGUEUR DU CANON = Largura del cañon.

L'AME *ou* LE CALIBRE = El ánima, Alma ó Calibre.

LES ANSES = Los delfinos.

LA BOUCHE, LA TRANCHE = La boca.

LE FOURRELET = El brocal, La joya.

LA CEINTURE DU FOURRELET, LA CEINTURE DE LA BOUCHE = El mayor realce ó Moldura del brocal.

LE BOUTON = El cascabel.

LE COLLET = El cuello.

LE CUL-DE-LAMPE = La moldura de la culata.

LA CUIASSE = La culata.

LA PLATE-BANDE DE LA CULASSE = La faxa de la culata.

LA LUMIÈRE = El fogon.

L'ASTRAGALE DE LA LUMIÈRE = El astragal del fogon.

LE CHAMP DE LA LUMIÈRE = Largura entre el astragal del fogon y la faxa de la culata.

LE PREMIER RENFORT = El primer refuerzo.

LA PLATE-BANDE DU PREMIER RENFORT = La faxa del primer refuerzo.

LE SECOND RENFORT = El segundo refuerzo.

LA PLATE-BANDE DU SECOND RENFORT = La faxa del segundo refuerzo.

LES TOURILLONS = Los muñones.

La volée = La caña.

L'astragale de la volée = El astragal de la caña.

La ceinture de la volée = Largura entre la faxa del segundo refuerzo y el astragal de la caña.

Canon de chasse, de proue = Mira de proa.

Canon de coursier, gros canon de galère = Cañon de cruxía.

Canon de retraite = Guardatimon.

Canon au sabord = Cañon en batería.

Canon a la serre = Cañon batiportado.

Serrer un canon allongé contre le bord = Trincar un cañon abretonado.

Serrer un canon en travers du vaisseau = Trincar un cañon batiportado.

Serrer les canons = Trincar los cañones.

Canon de huit = Cañon de á ocho.

Canon de douze = Cañon de á doce.

Canon de dix-huit = Cañon de á diez y ocho.

Canon de vingt-quatre = Cañon de á veinte y quatro.

Canon de trente-six = Cañon de á treinta seis.

Chef de pièce de canon = Cabo del cañon.

Coup de canon = Cañonazo.

Un grand nombre de coups de canon = Cañoneo.

Trou que fait un coup *ou* un boulet de canon = Balazo.

Faux-canons, fausses lances = Cañones fingidos.

Canons de fer = Cañones de hierro.

Amarrer un homme sur un canon = Amarrar un hombre al cañon.

CANONNADE = Cañoneo.

CANONNER = Cañonear.

CANONNIER = Artillero.

Maître-canonnier d'un vaisseau = Condestable.

Aide-canonnier = Artillero de preferencia.

CANONNIÈRE, chaloupe canonnière = Lancha cañonera, Barco cañonero.

CANOT = Bote.

Grand canot d'un vaisseau de guerre = Falua.

Petit canot = Sereni.

Canot du capitaine = Bote del capitan.

Canot de ronde = Bote de ronda.

Équipage d'un canot = Esquifacion del bote.

Patron d'un canot = Patron del bote.

CAP ou avant du vaisseau = Proa.

Avoir le cap au large = Correr al largo.

Mettre le cap sur..... = Poner la proa á.....

Où est le cap? = Adonde vá la proa?

Cap, pointe de terre = Cabo, Punta.

CAP DE MOUTON = Vigota.

Cap de mouton ferré = Vigota herrada.

Cap de mouton a latte = Vigota herrada de planchuela.

CAPACITE d'un batiment, ce qu'il peut contenir = Bucosidad.

Capacité, jaugeage = Arqueo.

CAPE = Capa.

Être a la cape, a la misaine = Estar á la capa con el trinquete.

Mettre a la cape = Poner á la capa.

Cape a sec, a mats et a cordes = Capa bretona.

Être a la cape a sec = Capear á palo seco.

Voile d'étai de cape = Vela de estay mayor.

CAPÉER, être a la cape = Capear.

Capéer

CAPÉER A SEC *ou* A MATS ET A CORDES = Capear á palo seco, Estar al pairo, á la bretona.

CAPELAGE = Encapilladura.

CAPELER = Encapillar.

CAPELER TOUS LES HAUBANS = Encapillar la obencadura, Encapillar las tablas de xarcia.

CAPITAINE = Capitan.

CAPITAINE DE BRULOT = Capitan de brulote.

CAPITAINE DE FRÉGATE = Capitan de fragata.

CAPITAINE MARCHAND = Capitan del comercio.

CAPITAINE DE PAVILLON = Capitan de bandera.

CAPITAINE DE PORT = Capitan de puerto.

CAPITAINE DE VAISSEAU = Capitan de navío.

CAPON = Aparejo de gata.

CROC DE CAPON = Gancho del aparejo de gata.

GARANT DE CAPON = Veta del aparejo de gata.

POULIE DE CAPON = Moton del aparejo de gata.

CAPONER L'ANCRE = Izar el áncla á la serviola.

CAPOT, CAPUCHON D'UN ESCALIER *ou* D'UNE CHEMINÉE = Capillo.

CAPOT DU CABESTAN *ou* TÊTE DU CABESTAN = Sombrero del cabrestante.

CAPOT QUI RECOUVRE LA ROUE D'UNE POMPE A CHAPELET = Sombrero de la bomba.

CAPUCINE, COURBE QUI LIE LE TAILLE-MER A L'ÉTRAVE = Curva capuchina.

CARCASSE DE VAISSEAU = Esqueleto, Casco de navío.

CARÉNAGE = Grada de carenar, Carenero.

CARÉNE = Carena.

DONNER UNE CARÉNE = Dar una carena.

Donner une grande carène, un grand radoub, refondre = Dar una carena de firme.

CARÈNER = Dar carena.

Carèner dans le bassin = Dar carena en el dique.

Carèner a flot = Dar carena á flote.

CARET, fil de caret = Filástica.

CARGAISON = Carga, Cargazon.

CARGUE-BAS ou cale-bas, hale-bas d'une voile = Cargadera.

Cargue-bas des voiles d'étai = Cargaderas de las velas de estay.

Cargue-haut de racage = Cargaderas del racamento.

Cargue-boulines = Apagapénoles.

Cargue-fonds de la grand'voile = Brioles ó Cruces de la vela mayor.

Cargue-fonds de misaine = Brioles ó Cruces del trinquete.

Cargue-fonds du grand hunier = Brioles ó Cruces de la gavia.

Cargue-fonds du petit hunier = Brioles ó Cruces del velacho.

Cargue-fonds du grand perroquet = Briolines del juanete mayor.

Cargue-fonds du petit perroquet = Briolines del juanete de proa.

Cargue-points de la grand'voile = Palanquines de la vela mayor.

Cargue-points de la misaine = Palanquines del trinquete.

Cargue-points du grand hunier = Chafaldetes de la gavia.

Cargue-points du petit hunier = Chafaldetes del velacho.

Cargue-points du grand perroquet = Chafaldetes del juanete mayor.

Cargue-points du petit perroquet = Chafaldetes del juanete de proa.

Cargue-points de la civadière = Chafaldetes de la cebadera.

Cargue-points de la contre-civadière = Chafaldetes de la contracebadera.

Cargue-a-vue = Perigallo del pujámen.

Cargues d'artimon = Caudalizas ó Cargaderas de la mesana.

Cargues des voiles d'étai = Brioles de las velas de estay.

Fausses cargues ou égorgeoirs = Trapas.

CARGUER une voile = Cargar una vela.

Cargue la grand'voile! = Carga la vela mayor!

Cargue la misaine! = Carga el trinquete!

Cargue l'artimon! = Carga la mesana!

Cargue les huniers! = Carga la gavia y el velacho!

Cargue les perroquets! = Cargas los juanetes!

Cargue les voiles! = Carga las velas!

CARLINGUE de vaisseau = Sobrequilla, Carlinga.

Carlingue du grand mat = Carlinga del palo mayor.

Carlingue du mat de misaine = Carlinga del palo de trinquete.

Carlingue du mat d'artimon = Carlinga del palo de mesana.

Carlingue du mat de beaupré = Carlinga del palo de bauprés.

Carlingue de cabestan = Carlinga del cabrestante.

CARONADE = Caronada, Obuce.

CARREAU, la préceinte la plus élevée d'un vaisseau = Cairel ó Cintilia.

Carreau d'un canot = Moldura.

CARROSSE *ou* chariot de corderie = Carricoche.
     Carrosse sur une dunette *ou* sur le pont = Chopeta.
     Carrosse fait sur l'arrière d'un canot = Carroza de un bote.
     Ferrure nécessaire pour le carrosse d'un canot = Armazon de hierro para carroza de un bote.

CARTAHU *ou* cartaheu = Andaribel ó Andarivel.

CARTE MARINE = Carta marina, Carta de navegar.
     Carte plane, carte plate = Carta plana.
     Carte réduite = Carta reducida.
     Pointer la carte = Echar el punto en la carta.

CASERNET = Quaderno de la bitácora.

CASSÉ, batiment cassé = Barco quebrantado.

CASSE-TÊTE = Toldo de bayben ó Red de combate.

CATACOI, perroquet volant = Sobrejuanete.
     Grand catacoi = Sobrejuanete mayor.
     Petit catacoi = Sobrejuanete de proa.
     Catacoi de perruche = Sobrejuanete de periquito.
     Contre-catacoi = Volante, Sobrejuanete volante.

CATIMARON = Catimaron.

CAVEAU, séparation dans la cale pour mettre les provisions du capitaine = Despensa del Comandante.

CAYENNE, caserne des matelots = Quartel para marineros.

CEINTRE *ou* ceinture d'une chaloupe *ou* d'un canot = Guirnalda.

CEINTRER un vaisseau qui s'ouvre = Trincar un navío con tórtores ó Poner tórtores.

CEINTRER SUR SON CABLE, *en parlant d'un vaisseau* = Encintrar encima el cable ó Estar ahorcado, *hablando de un navío.*

CEINTURE D'UN BATIMENT, LES PRÉCEINTES = Cintas de un barco.

CEINTURE DE LA BOUCHE D'UN CANON = Moldura del brocal.

CEINTURE DE COMBAT, LE FILIN PLACÉ SUR LES CÔTÉS A FLEUR D'EAU = Guia ó Corredera, el cabo que está puesto en los cosederos á la lumbre de agua.

CERCLE, TOUTE PIÈCE EN FER, RONDE *ou* QUARRÉE, QUI SERT A TENIR RÉUNIES DES PIÈCES D'ASSEMBLAGE = Suncho.

CERCLE DE HUNE = Suncho de cofa.

CERCLE DE BOUT-DEHORS AU BOUT DE LA VERGUE A ROULEAU = Suncho de molinete en el penol.

CERCLE D'EN DEDANS POUR BOUT - DEHORS = Suncho para botalon de alas.

CERCLE POUR AMURER LE FOC = Arraca.

CERCLE A CHARNIÈRE = Suncho de bisagra.

CERCLE D'ÉTAMBRAI DE CABESTAN = Suncho en la fogonadura del cabrestante.

CERCLES DE CABESTAN = Sunchos de cabrestante.

CERCLES D'ÉPONTILLES = Sunchos de puntales.

CERCLES DE JAS D'ANCRE = Sunchos del cepo del áncla.

CERCLES DE MAT = Sunchos de palo.

CERCLES DES BAS MATS = Sunchos de los palos mayores.

CERCLES DE POMPE = Sunchos de la bomba.

CERCLES DE VERGUE = Sunchos de verga.

CERCLE DE RÉFLEXION, INSTRUMENT NAUTIQUE = Círculo de reflexion.

CERCLE GRADUÉ D'UN INSTRUMENT A RÉFLEXION = Arco.

CHAINE DE FER, *en général* = Cadena de hierro.

Chaînes de haubans = Cadenas de obenques ó para obenques, Cadenas de las vigotas.

Chaînes des grands haubans = Cadenas de los obenques mayores.

Chaînes des haubans de misaine = Cadenas de los obenques de trinquete.

Chaînes des haubans d'artimon = Cadenas de los obenques de mesana.

Chaînes de galhaubans = Cadenas de los brandales.

Chaînes de gouvernail = Cadenas del timon.

Chaîne de sauve-garde du gouvernail = Cadena de los varones del timon.

Chaîne de grapins d'abordage = Cadena para arpeos de abordar.

Chaîne de pompe = Cadena de bomba.

Chaîne de port = Cadena de puerto.

Chaîne de rochers = Arrecife, Restinga.

Chaînes des vergues = Bozas de cadena por las vergas.

CHAISE MARINE = Silla marina.

Chaise que l'on fait avec le bout d'une manœuvre pour hisser un gabier = Balzo.

CHALAN, gabarre = Lanchon, Batea, Ponton, Gabarra, Barca.

CHALOUPE d'un vaisseau de guerre = Lancha.

Chaloupe canonnière = Lancha cañonera.

CHAMBRE = Cámara.

Chambre de conseil = Sobrecámara, Consejo de cámara.

Chambres de la dunette ou du clavecin = Camarotes del alcázar.

Grand'chambre = Cámara alta.

Chambre d'officier = Camarote.

Chambre aux voiles = Cámara de las velas.

CHAMBRE SUR LE PONT D'UNE SEMAQUE, DERRIÈRE LE GRAND MAT = Carroza.

CHAMBRE, CABANE = Camarote.

CHAMBRE D'ASSURANCE = Casa de los aseguradores.

CHAMBRE D'UN CANON = Cámara de un cañon.

CHAMBRE D'UN MORTIER = Cámara de un mortero.

CHAMBRIÈRE DE LA VOILE D'ÉTAI DE HUNE = Vinatera de la vela de estay de gavia.

CHAMBRIÈRES SUR LES VERGUES DE PERROQUET POUR METTRE DESSUS LES VERGUES DE CATACOIS = Bozas.

CHAMEAU = Camello.

CHANDELIER = Candelero.

CHANDELIERS DE BASTINGAGE ou CHANDELIERS DE LISSES POUR BASTINGAGE = Candeleros de los pasamanos.

CHANDELIERS D'UNE CHALOUPE, D'UN CANOT = Tejas de una lancha, de un bote.

CHANDELIERS POUR LES TIREVEILLES DE L'ÉCHELLE HORS LE BORD = Candeleros del portalon.

CHANDELIER DE PIERRIER = Horqueta de un pedrero.

CHANGEMENT DE VENT, CAP POUR CAP ou SAUTE DE VENT = Contraste de viento.

CHANGER LES VOILES, LES ORIENTER SUR L'AUTRE BORD ou DÉCHARGER = Cambiar las velas.

CHANGE ou DÉCHARGE DEVANT! = Cámbia á proa!

CHANGE DERRIÈRE! = Cámbia á popa!

CHANGER L'ARTIMON = Cambiar la mesana.

CHANGER LE GRAND HUNIER = Cambiar gavia ó Cambiar en el medio.

CHANGER LE PETIT HUNIER = Cambiar el velacho.

CHANGER L'ARRIMAGE = Cambiar el arrumage.

CHANGER LA BARRE = Cambiar la caña.

CHANGER DE BORD *ou* D'AMURE = Cambiar la amura *ó* Tomar la otra vuelta.

CHANGER LA FOURRURE DU CABLE DANS LES ÉCUBIERS = Refrescar *ó* Renovar el forro en los escobenes.

CHANGER LE QUART = Rendir la guardia.

CHANGER UN VAISSEAU DE PLACE = Mudar un navío de fondo.

CHANTER, POUR AGIR ENSEMBLE = Zalomar.

CHANTIER *ou* CALE POUR LA CONSTRUCTION = Grada.

CHANTIER, ENDROIT OU L'ON TRAVAILLE A LA CONSTRUCTION = Astillero.

CHANTIERS POUR ÉCHOUER UN BATEAU = Calzos.

CHANTIERS POUR CHALOUPE A BORD D'UN VAISSEAU = Calzos para la lancha.

CHANTIERS *ou* ROULEAUX DONT ON SE SERT POUR HALER DES EMBARCATIONS A TERRE = Polines *ó* Poreles.

CHANTIERS, PILES DE BOIS SUR LESQUELLES ON PLACE LA QUILLE D'UN VAISSEAU EN CONSTRUCTION = Picaderos.

Il entra dans le bassin et fut échoué sur des chantiers préparés pour six pouces d'arc.

Entró en el dique sobre picaderos de seis pulgadas de quebranto.

CHANVRE = Cáñamo.

CHANVRE DE PREMIER BRIN = Cáñamo de primera suerte.

CHANVRE DE SECOND BRIN = Cáñamo de segunda suerte.

CHAPE DE LA BOUSSOLE = Taladro del centro de la aguja *ó* Chapitel.

CHAPEAU, SERRER DES HUNIERS EN CHAPEAU = Aferrar gavias á la holandesa.

CHAPEAU DE CAPITAINE, DROIT DE CHAPEAU = Capa, Sombrero.

CHAPELET, POMPE A CHAPELET = Bomba de cadena.

CHAINONS *ou* ANNEAUX POUR FORMER LE CHAPELET = Estribos *ó* Grilletes.

PETITS PLATEAUX DE FER QUI SERVENT A FORMER LE CHAPELET = Platillas.

CHAPELLE, FAIRE CHAPELLE *ou* MASQUER = Coger en facha, Tomar por delante, Tomar por la lua.

AVOIR TOUTES LES VOILES SUR LE MAT, LORSQU'ON A FAIT CHAPELLE = Tener el parchamento encima.

CHARBONNIERE *ou* GRANDE VOILE D'ÉTAI = Vela de estay mayor.

CHARGE D'UN BATIMENT, SON CHARGEMENT = Carga *ó* Cargo.

CHARGE DE CANON = Carga de cañon.

CHARGE DE COMBAT = Carga de combate.

CHARGE A MITRAILLE = Cartuchos de metralla.

CHARGE DE SALUT = Carga de saludo.

CHARGEMENT = Cargo *ó* Cargamento.

ÊTRE EN CHARGEMENT = Estar cargando, Estar estivando.

CHARGER UN BATIMENT = Cargar un barco.

CHARGER UN CANON = Cargar un cañon.

CHARGER LES PIÈCES = Cargar las piezas.

ÊTRE PRÊT A CHARGER = Estar listo á recibir carga.

CHARGER EN CUEILLETTE, CHARGEMENT QUI CONSISTE EN TONNEAUX, CAISSONS, etc. = Cargar en fardería.

CHARGER EN GRENIER = Cargar en monton.

CHARGER LES VOILES = Cargar las velas.

VAISSEAU CHARGÉ PAR UN GRAIN = Navío cargado por un chubasco.

CHARGER *ou* ENGRÉNER LA POMPE = Echar agua en el tubo de la bomba.

CHARGEUR *ou* BATIMENT CHARGEUR = Cargador.

CHARNIER POUR L'EAU = Almacen de agua.

CHARPENTIER DE VAISSEAU = Carpintero de ribera.
   MAÎTRE-CHARPENTIER = Maestro carpintero.
   AIDE-CHARPENTIER = Ayudante carpintero.

CHARRIER DE LA VOILE = Forzar de velas, Ir cargado de velas, Ir con todo el trapo fuera.

CHARTE-PARTIE = Carta partida, Contrato de fletamiento.

CHASSE = Caza.
   DONNER LA CHASSE = Cazar, Dar caza.
   LEVER LA CHASSE = Dexar la caza.
   PRENDRE CHASSE = Huir.

CHASSÉ, VAISSEAU CHASSÉ = Navío cazado.

CHASSE-MARÉE = Cachamarina, Lugre.

CHASSER UN BATIMENT = Cazar un barco.
   CHASSER SUR SES ANCRES, LE VAISSSAU CHASSE, L'ANCRE LABOURE = Garrar ó Garrear.

CHASSEUR, BATIMENT CHASSEUR = Barco cazador.

CHAT, *espèce de grapin qui sert à soulager les cables lorsqu'on veut dépasser des tours* = Pescador.

CHAUDIÈRE A BRAI = Caldero de brea.

CHAUDRON DE POMPE = Caldero de la bomba.

CHAUFFER UN BATIMENT POUR LE CARÉNER = Dar fuego, Dar brusca á un barco.
   CHAUFFER DES BORDAGES = Dar fuego á los tablones.

CHAUMARD PLACÉ DANS LA MURAILLE *ou* SUR LE PLATBORD D'UN BATIMENT = Galápago ó Pasteca de firme.

CHAVIRER , CABANNER , SOMBRER SOUS VOILE = Zozobrar.

CHEBEC, *sorte de bâtiment à voiles et à rames* = Xabeque.

CHEF = Xefe.

CHEF D'ESCADRE = Xefe de esquadra.

CHEF DE PIÈCE = Cabo de cañon.

CHEMIN , FAIRE CHEMIN = Caminar, hacer camino.

CHEMIN , *espace parcouru par un bâtiment* = Cingladura.

CHEMISE, SERRER LES HUNIERS EN CHEMISE = Aferrar gavias en camiseta.

CHEMISE A FEU *ou* CHEMISE SOUFFRÉE = Camisa de fuego.

CHENAL = Caño, Canal.

CHEVALET DE COMMETTAGE DANS UNE CORDERIE = Caballete.

CHEVILLE EN FER , BOULON = Perno ; *pluriel* Pernos.

CHEVILLE A BARBE *ou* A GRILLE , FICHES = Perno arponado.

CHEVILLE A BOUCLE *ou* PITON A BOUCLE = Cáncamo.

CHEVILLE A BOUCLE , LORSQUE LA BOUCLE JOUE DANS LA TÊTE DU PITON = Perno con argolla.

CHEVILLE A BOUCLE AVEC UNE COSSE = Perno con argolla y guardacabo.

CHEVILLE A BOUCLE ET A CROC = Perno de cáncamo y de argolla.

CHEVILLE A BOUCLE ET A GOUPILLE = Perno de ojo y de chaveta.

CHEVILLE DES CHAÎNES DE HAUBANS = Perno de las cadenas de las vigotas.

CHEVILLE CLAVETÉE SUR VIROLE = Perno rebatido.

CHEVILLE A CROC = Perno de cáncamo.

CHEVILLE DES ÉTRIERS DES HAUBANS = Perno de los estribos.

CHEVILLE QUI LIE L'ENTRE-TOISE AVEC LES FLASQUES = Perno de travesía que pasa por el teleron.

CHEVILLE A GOUPILLE = Perno de chaveta, Perno capuchino.

CHEVILLE A ŒILLET = Perno de ojo.

CHEVILLE A POINTE AIGUE = Perno de punta aguda.

CHEVILLE DE POMPE = Perno de la bomba.

CHEVILLE QUARRÉE = Perno quadrado.

CHEVILLE RIVÉE = Perno remachado.

CHEVILLE A TÉTE DE DIAMANT = Perno con cabeza de diamante.

CHEVILLE A TÊTE RONDE *ou* A BOUTON = Perno de cabeza redonda.

CHEVILLE QUI TRAVERSE L'AFFUT VERS L'ARRIÈRE = Perno de travesía en que descansa la banqueta.

CHEVILLER = Empernar, Enclavijar.

CHEVILLEUR = Cabillero.

CHEVILLOT *ou* QUINÇONNEAU = Burel.

CHÈVRE = Cabra.

CHICANER LE VENT = Trocar, Trincar ó Pellizcar el viento, Ceñir el viento.

NE CHICANE PAS LE VENT! = No pellizca el viento!

CHIOURME = Chiurma.

CHIQUE DE TABAC = Mascada de tabaco.

CHIQUER = Mascar tabaco.

CHIRURGIEN = Cirujano.

CHIRURGIEN - MAJOR D'UN VAISSEAU = Primer cirujano de un navío.

SECOND CHIRURGIEN = Segundo cirujano.

AIDES-CHIRURGIENS = Ayudantes cirujanos.

CHOPINE DE POMPE = Mortero de bomba, Rodilla de bomba.

CHOQUER LES BOULINES = Dar salto á las bolinas.

CHOQUE LA BOULINE DU PETIT HUNIER! = Salto al boliche de velacho!

CHOQUER AU CABESTAN = Lascar al cabrestante.

CHOQUER LA TOURNEVIRE = Lascar el virador de cubierta.

CHOUQUET = Tamborete.

CHOUQUET D'ARTIMON = Tamborete de mesana.

CHOUQUET DE BEAUPRÉ = Tamborete del bauprés.

CHOUQUET DU GRAND MAT = Tamborete mayor.

CHOUQUET DU GRAND MAT DE HUNE = Tamborete del mastelero de gavia.

CHOUQUET DU MAT DE HUNE D'AVANT = Tamborete del mastelero de velachó.

CHOUQUET DE MISAINE = Tamborete de trinquete.

CHOUQUET DU PERROQUET DE FOUGUE = Tamborete de sobremesana.

CHOUQUET DU BATON DE PAVILLON = Tamborete de la asta de bandera.

CHUTE D'UNE VOILE = Caida de una vela.

CINGLER, FAIRE ROUTE = Cinglar, Navegar, Surcar, Velejar.

CISEAU, *outil de charpentier* = Formon.

CISEAU A FROID = Corta hierro.

GRANDS CISEAUX PLATS POUR DÉLIVRER LES BORDAGES = Trinchas de desguazar.

CITERNE = Cisterna.

CIVADIÈRE, VOILE = Cebadera.

CONTRE-CIVADIÈRE = Contracebadera.

Vergue de civadière = Verga de cebadera.

Vergue de contre-civadière = Verga de contra-cebadera.

CIVIÈRE *ou* suspente de la vergue de civadière = Arretranca.

CLAN a la tête d'un mat, clan dans la caisse d'une poulie = Caxera, Reclame.

Clan de la caisse d'un mat de hune = Caxera de la coz de un mastelero de gavia.

CLAPET de pompe, sous-pape = Chapaleta ó Chapeta.

CLAPOTAGE de la mer = Embate de la mar, Mar encontrada, Contraste de mar.

CLAPOTEUSE, mer clapoteuse = Mar picada, Mar de embate, Mar encontrada, Mar encrispada, Mar ampollada.

CLASSE = Matrícula.

CLASSER des hommes de mer = Matricular.

Gens de mer classés = Gente de mar matriculada.

CLAVECIN, chambres du clavecin = Camarotes del alcázar.

CLEF de mat = Cuña de mastelero.

Demi-clef, *sorte de nœud* = Medio cote.

Faire deux demi-clefs = Hacer dos cotes.

CLIN, batiment a clin = Barco á tinglado.

Clin foc (*véase* foc).

CLOCHE = Campana.

Sonner la cloche = Tocar campana.

CLOISON = Mámparo.

Cloison maçonnée = Mámparo entablicado.

Cloisons de la cale dans la longueur du vaisseau = Arcadas.

Cloisons des soutes = Mámparos de los pañoles.

CLOU = Clavo.

Clous a fiches *ou* barbés = Clavos arponados.

Clous de huit, douze, vingt pouces de lóngueur = Clavos de á ocho, á doce, á veinte pulgadas de largura.

Clous a maugère = Estoperoles.

Clous a plomb = Clavos sin cabeza.

Clous au poids = Clavos al peso.

Clous a pompe = Clavos de bomba.

Clous a tète piquée = Clavos de ala de mosca.

Clous a tête plate = Clavos sin cabeza.

Clous a vis = Clavos de tinglar.

COCHOIR, *dans une corderie* = Arador ó Piña.

COFFRE d'armes = Caxa de armas.

Coffre de bord = Caxa de marinero.

COIFFÉ, le grand hunier est coiffé, le grand hunier est sur le mat = La gavia mayor está en facha.

COIFFER, prendre vent devant = Tomar por delante, Tomar por la lua.

Vaisseau coiffé qui a tout dessus le mat = Navío que tiene el parchamento encima.

La saute de vent nous a coiffé partout = Con el contraste de viento tenemos el parchamento encima.

COIN = Cuña.

Coin de mire = Cuña de puntería.

Coins d'arrimage = Cuñas de estiva.

Coins de chantiers = Botantes de caza.

Coins a manche *ou* patarasses = Pitarasas.

COINS DE MATS = Cuñas de palos.

COINCER UN MAT = Acuñar un palo.

COITTES *ou* ANGUILLES = Anguilas.

COLLET (LE) DE L'ANCRE, LA CROISÉE, LA CROSSE, LE DIAMANT, LE FORT DE L'ANCRE = La cruz del áncla, El cuello del áncla.
COLLET D'UNE COURBE = Bragada de una curva.
COLLET D'ÉTAI = Gaza de estay.

COLLIER D'ÉTAI = Gaza de la vigota de estay.
COLLIER DU GRAND ÉTAI = Gaza del estay mayor.
COLLIER D'ÉTAI DE MISAINE = Gaza del branque.

COLOMBIERS D'UN BER = Columnas de los bazos.

COLONNE, ORDRE DE GUERRE = Columna.

COLTIS, COUPLE DE COLTIS = Quaderna del gallon ú horcon.

COMBAT NAVAL = Combate naval.

COMBATTRE UN VAISSEAU = Combatir un navío.

COMBUGER DES PIÈCES = Llenar de agua las cubas para embeberlas.

COME DE GALÈRE = Comitre de galera.

COMMANDANT D'UNE ESCADRE = Xefe de esquadra.
VAISSEAU COMMANDANT = La Capitana.
COMMANDANT DE LA MARINE = Comandante de marina.

COMMANDE EN BITORD = Rebenque.
COMMANDE EN LIGNE REFAITE = Saula.

COMMANDER LA MANŒUVRE = Mandar la maniobra.
COMMANDER LE QUART = Mandar la guardia.
COMMANDER AU SIFFLET = Mandar con el pito.
COMMANDER

COMMANDER LA ROUTE, DONNER LA ROUTE = Dar el rumbo.

COMME CELA! = Asi!

COMMENCER A DÉCHARGER UN BATIMENT = Empezar á descargar el barco.

COMMETTRE UN CABLE, UN CORDAGE = Colchar un cable, una xarcia.

COMMIS, CORDAGE COMMIS AU TIERS MOU = Cabo torcido menos que á tercera parte.

CORDAGES DEUX FOIS COMMIS *ou* COMMIS A LA FAÇON DES CABLES = Cabos calabrotados.

COMMIS, AGENT COMPTABLE = Contador.

COMMIS, SURRÉCARGUE *ou* ÉCRIVAIN DE VAISSEAU MARCHAND = Sobrecargo.

COMMIS DES VIVRES *ou* COMMIS DU MUNITIONNAIRE = Maestro de víveres.

COMMISSAIRE DE MARINE, OFFICIER D'ADMINISTRATION = Comisário de marina.

COMMISSION, LETTRE DE MARQUE = Letra de marca.

COMMUNIQUER = Comunicar.

COMMUNIQUER AVEC LA TERRE = Comunicar con la tierra.

COMPAGNIE, VAISSEAU DE COMPAGNIE = Navío de compañia.

ALLER DE COMPAGNIE = Ir de compañia, Ir de conserva.

COMPAGNIE D'ASSURANCE = Compañia de aseguradores.

COMPAS A POINTER LA CARTE = Compas.

COMPAS COURBE, COMPAS DE MATURE = Compas curvo.

COMPAS AZIMUTAL = Aguja azimutal.

COMPAS RENVERSÉ = Aguja de cámara, Aguja de
revés.

COMPAS DE ROUTE, COMPAS DE MER *ou* COMPAS D'HA-
BITACLE = Aguja de marear, Aguja de bitácora,
Aguja náutica.

COMPAS DE VARIATION = Aguja de variacion, Compas de variacion.

BOÎTE DE COMPAS = Mortero de la aguja.

PIVOT DE L'AIGUILLE = Peon ó Estilo para aguja.

COMPORTER, SE BIEN COMPORTER A LA MER, *en parlant d'un bâtiment* = Mantenerse bien á la mar.

CONDAMNÉ, VAISSEAU CONDAMNÉ = Navío excluido.
OBJETS CONDAMNÉS = El excluido.

CONDAMNER UN BATIMENT = Excluir un barco.

CONDUIRE UNE PRISE DANS UN PORT = Conducir una
presa en un puerto.

CONDUIT D'UNE MANŒUVRE, CANAL = Vertello de
canal.

CONDUITE, FRAIS DE CONDUITE = Dietas.

CONGÉ = Licencia.
CONGÉ ABSOLU = Licencia absoluta.
CONGÉ LIMITÉ = Licencia temporal.

CONGÉDIER UN MARIN, UN ÉQUIPAGE = Despedir un
marinero, la tripulacion.

CONGRÉAGE = Entrañadura.

CONGRÉER *ou* PEIGNER UN CORDAGE = Embutir, Hacer entrañadura.

CONNOISSANCE, AVOIR CONNOISSANCE D'UNE TERRE
= Tener conocimiento de la tierra.

CONNOISSANCE DU FOND DE LA MER = Conocimiento
de la mar ó del fondo.

CONNOISSEMENT, POLICE DE CHARGEMENT = Conocimiento.

CONSEIL = Consejo.
CONSEIL DE L'AMIRAUTÉ = Consejo del almirantazgo.
CONSEIL DE GUERRE = Consejo de guerra.
CONSEIL DE MARINE = Consejo de marina, Junta de
marina.

CONSENTIR = Rendir.
FAIRE CONSENTIR UN MAT = Consentir un palo.
MAT CONSENTI = Palo rendido.

CONSERVE = Conserva.
NAVIGUER DE CONSERVE, ALLER DE CONSERVE = Ir
en conserva.

CONSERVER UN BATIMENT A VUE = Mantenerse con
un barco.

CONSOMMATION DE VIVRES ou D'AUTRES OBJETS =
El consumo.
OBJETS CONSOMMÉS, MIS HORS D'ÉTAT DE SERVIR =
El consumido.

CONSTRUCTEUR, INGÉNIEUR-CONSTRUCTEUR = Constructor, Carpintero de navío.

CONSTRUCTION, ART DE LA CONSTRUCTION ET AR-
CHITECTURE NAVALE = Arte del constructor, Arte
del carpintero de navío, Arquitectura naval.
VAISSEAU DE CONSTRUCTION FRANÇAISE = Navío de
construccion francesa.
VAISSEAU DE CONSTRUCTION ÉTRANGÈRE = Navío de
construccion extrangera.

CONSTRUIRE UN BATIMENT = Construir un barco.

CONSUL = Consul.

CONSULAT = Consulado.

CONSUMÉ, usé = Consumado, Usado.

CONTRAIRE, courant *ou* marée contraire = Corriente ó Marea contraria.

    Vent contraire = Viento contrario.

CONTRARIÉ, être contrarié par les courants = Estar contrariado por la corriente.

    Être contrarié par le vent = Estar contrariado por el viento.

CONTRE, courir a bord contre = Ir de vuelta encontrada.

    Contre-amiral, chef d'escadre = Xefe de esquadra.

    Contre-brasser = Abroquelar ó Bracear en contra.

    Contre-brasser devant = Abroquelar á proa ó Bracear en contra á proa.

    Contre-brasser derrière = Abroquelar ó Bracear en contra en el medio.

    Contre-civadière, perroquet de beaupré = Sobrecebadera, Contracebadera ó Contracebo.

    Contre-courant = Contracorriente.

    Contre-étambot = Contracodaste.

    Contre-étambot intérieur = Contracodaste interior ó Albitana del codaste.

    Contre-étambot extérieur = Contracodaste exterior.

    Contre-étrave = Contrabranque.

    Contre-maître = Contramaestro.

    Contre-maître de la cale = Guardian, Bodeguero.

    Contre-marche = Contramarcha.

    Virer par la contre-marche = Virar por la contramarcha.

Contre-marée = Contramarea.

Contre-quille = Sobrequi'la, Contraquilla.

Contre-voile d'étai = Vela de estay volante.

CONTREBANDE, faire la contrebande = Hacer contrabando.

CONTREBANDIER = Contrabandista.

CONTROLEUR = Interventor.

CONVOI = Convoy.

CONVOYER = Convoyar.

COQ de l'équipage d'un vaisseau = Cocinero de la tripulacion.

COQUE d'un batiment = Casco de un barco.

La mature et la coque du batiment sont en bon état = Hállase el barco sin el menor daño en su casco y arboladura.

Coque, pli que fait un cordage = Coca.

Faire une coque = Tomar coca.

COQUETER = Cinglar la espadilla.

CORBILLON ou gamelle d'un plat de matelots = Plato de un rancho de marineros.

CORDAGE = Xarcia, Cabo.

Cordage blanc ou franc filin = Xarcia blanca.

Cordage commis au tiers mou = Cabo torcido menos que á tercera parte.

Cordage deux fois commis ou commis a la façon des cables = Cabos calabrotados.

Cordage a congréer = Xarcia de entrañadura.

Cordage condamné = Xarcia escluida.

Cordage ou filin goudronné = Xarcia alquitranada.

Cordage ou filin du premier brin = Xarcia de primera suerte.

Cordage du second brin = Xarcia de segunda suerte.

Cordage a quatre tourons, cordage en quatre = Cabo de quatro cordones.

Cordage en queue de rat = Cabo echizo.

Cordage de rechange = Xarcia de respeto.

Cordage refait = Cabo contrahecho ó de dos colchos.

Cordage qui a trop de tors = Cabo demasiado torcido.

Cordage placé perpendiculairement en avant *ou* en arrière du mat pour servir de mat a une vergue quarrée *ou* de draille a une voile d'étai = Nervio ó Cabo fixo que sirve de palo para izar una verga.

CORDE = Cuerda.

Corde de retenue = Retenida.

Cordes de défense, colliers de défense = Defensas redondas de cabo.

Cordes, être a la cape a mats et a cordes = Capear á palo seco, Capear á capa bretona.

CORDERIE = Obrador de xarcia.

CORDIER = Cordonero.

CORDONS, *terme de corderie* = Cordones.

Cordons de deux fils de caret = Cordones de duas filásticas.

CORNE, vergue, pic *ou* corne d'artimon = Verga de mesana, Pico de la mesana.

Corne d'amorce = Cebador.

CORNET de mat = Mecha por el palo.

CORNETTE, guidon = Gallardeton, Ravo de gallo, Gallardete de corneta.

CORNIÈRES = Aletas ó Brazales.

CORPS DE BATAILLE = Cuerpo del centro.

Corps mort, ancre qui n'a qu'une patte = Cuerpo muerto.

Corps de pompe = Bomba.

Corps d'un vaisseau = Casco de un navío.

CORRECTION, *opération par laquelle on rectifie les erreurs faites sur l'estime de la route* = Correccion.

CORRIGÉE, route corrigée = Derrota corregida.

CORRIGER, *rectifier les erreurs de l'estime* = Corregir.

CORSAIRE = Corsario.

CORVETTE = Corveta.

COSSE = Guardacabo.

COTE DE LA MER = Costa.

Côte accore, côte de fer = Costa acantilada.

Côte dangereuse, côte mauvaise = Costa brava.

Côte saine = Costa limpia.

Côte *ou* terre qui est au vent = Costa de barlovento.

Côte sous le vent = Costa de sotavento.

Échoué sur la côte = Barado á la costa.

Être affalé *ou* engagé sur la côte = Estar aconchado ó empeñado sobre la costa.

Faire côte *ou* se jeter a la côte = Barar, Dar á la costa.

COTÉ DU VENT = Costado de barlovento.

Côté sous le vent = Costado de sotavento.

Côté d'un vaisseau = El costado, La banda de un navío.

Le côté de babord = La banda de babor.

Le côté de tribord = La banda de estribor.

Côté de la batterie d'un vaisseau *ou* rang de canons = Andana.

Faux-côté d'un vaisseau = Falsa banda de un navío.
Prêter le côté = Dar el costado.

COTIER, pilote côtier = Práctico de la costa.

COUCHER, se coucher, s'incliner = Tumbar, Rendir.

COUILLARD d'une voile = Tomador de cruz.

COULAGE de futaille = Derrame.

COULER, le baril coule = Derramarse, La pipa se derrama.

Couler bas *ou* couler a fond = Irse à pique, Ir á fondo.

Couler a fond un batiment, le faire périr = Hechar á pique un barco.

COUP de canon = Tiro, Cañonazo.

Coup en arc = Tiro fuera de puntería.

Coup a boulet *ou* a mitraille = Tiro con bala á palanqueta.

Coup de but en blanc = Tiro de punto en blanco ó Razo de metales.

Coup de canon en bois = Cañonazo en el costado.

Coup de canon de diane = Cañonazo del alba.

Coup d'épreuve = Tiro con bala raza para provar las piezas.

Coup de canon a fleur d'eau = Cañonazo á la lumbre del agua.

Coup a héler un vaisseau = Tiro para venir á voz.

Coup dans l'œuvre-vive = Cañonazo en la obra viva.

Coup sous la ligne horizontale = Tiro baxo del horizonte.

Coup de canon de partance = Tiro de la pieza de leva.

Coup a portée entière *ou* a toute volée = Tiro de mayor alcance ó por 45 grados de elevacion.

Coup a poudre = Tiro con pólvora, Tiro ciego.

Coup de retraite = Cañonazo de retreta.

Coup a ricochet, boulet sourd = Tiro de ricochete.

Coup de mer = Golpe de mar.

Petit coup de mer = Cachon, Rociada.

Coup de mer qui vient du fond = Golpe de mar que viene del fondo.

Les coups de mer entrent par les écubiers = Los mares entran en los escobenes.

Nous reçûmes un gros coup de mer par l'avant = Recibimos un golpe de mar por la proa.

Coup de rame, d'aviron = Golpe de remo.

Coup de vent = Temporal.

COUPE des voiles, *la manière dont elles sont coupées* = Corte de velas.

COUPER = Picar.

Couper le cable = Picar el cable.

Couper un mat = Picar un palo.

Couper la ligne = Cortar la línea.

COUPLE d'un batiment = Quaderna, Varenga de un barco.

Couple de balancement de l'avant = Redel de proa, Quadra de proa.

Couple de balancement de l'arrière = Redel de popa, Quadra de popa.

Couple de coltis = Quaderna del gallon ú horcon, ó Ultima quaderna de proa.

Couple de levée = Quaderna principal.

Maître couple = Varenga maestra, Quaderna maestra.

Couples de l'avant = Quadernas de proa.

COUPLES DE L'ARRIÈRE = Quadernas de popa.

COUPLES DÉVOYÉS = Quadernas que no estan perpendicularmente sobre la quilla.

COUPLES ÉLANCÉS DE L'ARRIÈRE *ou* DE L'AVANT = Varengas capuchinas.

COUPLES PRINCIPAUX, *ceux qui, placés au milieu d'un bâtiment, ont le moins d'acculement* = Varengas llanas, Planes *ó* Varengas planes.

COUPLES DE REMPLISSAGE = Quadernas de enchimiento, Quadernas intermedias.

COUPLES QUI ONT BEAUCOUP D'ACCULEMENT *ou* FOURCATS = Piques capuchinos.

COUPLES QUI, *sur l'avant et l'arrière des premiers ou principaux*, COMMENCENT A PRENDRE DE L'ACCULEMENT = Varengas piques.

COUPLE DE HAUBANS = Obenque doble.

COUPLE DE HAUBANS QUI PORTE UNE DE SES BRANCHES A BABORD ET L'AUTRE A TRIBORD = Obenque que lleva un ramo babor y el otro estribor.

COUPLET POUR ARMOIRE, PENTURE, POUR PORTE *ou* SABORD = Bisagra.

COURAI = Betun.

DONNER UN COURAI = Dar betun.

COURAI *ou* MASTIC FAIT AVEC DE LA CHAUX ET DE L'HUILE = Zulaque.

COURANT = Corriente.

CONTRE-COURANT = Contracorriente.

ÈTRE DROSSÉ PAR LES COURANTS = Estar arrastrado por la corriente.

COURANT D'UN GARANT = Tira del aparejo.

MANŒUVRES COURANTES = Cabos de labor, Cabullería.

COURAYER = Dar betun.

COURBATON = Curva, Curvaton.

COURBATONS DE L'ÉPERON, COURBES DE HERPES = Curvas ó Varengas de las perchas.

COURBATONS DES PORTE-HAUBANS = Curvas posteleras.

COURBE, *en général* = Curva.

COURBE D'ARCASSE, *celle qui est chevillée sur le milieu du pont de la sainte-barbe et sur la barre d'arcasse* = Curva coral.

COURBE DE BOSSOIR *ou* PORTE-BOSSOIR = Curva del pescante de la serviola.

COURBE *ou* CONSOLE DU BOSSOIR = Pie de amigo de la serviola.

COURBE DE CAPUCINE = Curva capuchina.

COURBE DE L'ÉTAMBOT = Curva coral.

COURBE POUR LE PIED DU BATON DE PAVILLON = Concha ó Curva por el pie de la ásta de bandera.

TOUTE COURBE DONT UNE DES BRANCHES DÉCRIT UNE LIGNE COURBE, ET L'AUTRE UNE LIGNE DROITE = Capuchino ó Curva capuchina.

COURBES DE BITTES = Curvas de las bitas.

COURBES HORIZONTALES = Curvas de entremiche ó Entremiches.

COURBES DE JOTTERAUX = Curvas bandas.

COURBES OBLIQUES SUR LA TÉTE DES BARROTS = Curvas à la valona.

COURBES PERPENDICULAIRES QUI SONT CHEVILLÉES SUR LA TÉTE DES BARROTS ET SUR LA MURAILLE = Curvas llaves ó Curvas de peralta.

COURBES DU PREMIER PONT = Curvas de la primera cubierta.

COURBES DU SECOND PONT = Curvas de la segunda cubierta.

COURBES *ou* RANGES QUE L'ON MET SUR LE CÔTÉ D'UN

BATIMENT EN DEHORS, *soit pour le lier et le conso-lider, soit pour garantir le bord lorsqu'on embarque les bateaux ou autres objets* = Curvas posteleras.

COURBES VERTICALES = Curvas de alto á baxo.

COURBES DE VOUTE = Gambotes.

TOUTES LES PETITES COURBES QUI SERVENT A ASSU-JETTIR DES MONTANS DE LITTES *ou* DE FRONTEAUX = Curvatones.

COURIR = Navegar, Correr.

COURIR LARGUE = Navegar con viento largo.

COURIR GRAND LARGUE = Navegar á un desquartelar.

COURIR TRIBORD AMURE = Navegar ó Cinglar la amura á estribor.

COURIR A MATS ET A CORDES *ou* COURIR A SEC = Ir ó Correr á palo seco, Correr á árbol seco.

COURIR AU PLUS PRÈS = Ceñir el viento.

COURIR SUR UN DANGER = Correr encima un baxío.

COURIR SUR LA TERRE = Aproximarse de la tierra.

COURIR DEVANT LE TEMPS, FUIR POUR LE MAUVAIS TEMPS = Correr ó Huir de las mares.

COURIR A BORD OPPOSÉ = Ir de vuelta encontrada.

COURIR VENT ARRIÈRE *ou* VENT EN POUPE = Navegar viento en popa, Ir viento en popa.

COURIR LA BOULINE = Correr por la baqueta.

COUROI (*véase* COURAI).

COURONNEMENT DE LA POUPE = Coronamiento ó Caperol.

COURS, VOYAGE DE LONG COURS = Viage largo.

COURSE = Corso.

ALLER EN COURSE = Ir en corso.

ARMER EN COURSE = Armar en corso.

COURSIVE = Cursiva.

COURTIER DE NAVIRE = Corredor.

COUSSIN D'AFFUT DE CANON = Almohada.

COUSSIN D'ANCRE = Concha.

COUSSIN DE BEAUPRÉ = Descanso ó Tragante del bauprés.

COUSSIN DE BITTES = Cruceta de las bitas.

COUSSINS D'ÉCUBIERS, FOURRURE D'ÉCUBIERS = Tacos baxo los escobenes.

COUTEAU = Cuchillo.

COUTURE = Costura.

COUTURE OUVERTE = Costura abierta.

COUTURE PLATE = Costura llana.

COUTURE PLATE PIQUÉE DANS LE MILIEU = Costura doble.

COUTURE RONDE = Costura sencilla ó redonda.

COUTURES EN TRAVERS = Costuras al través.

COUTURES DES VOILES = Costuras de las velas.

CALFATER LES COUTURES *ou* INTERVALLES ENTRE LES BORDAGES = Calfatear las costuras.

COUVERTURE DE FANAL = Cobertor del fanal.

CRACHER LES ÉTOUPES = Aventar las costuras, Escupir las estopas.

CRAIER = Craier, cierto barco del mar Báltico.

CRAMPE DE FER = Grapa de hierro.

GROSSE CRAMPE = Grapon.

CRAPAUD POUR LA BARRE DU GOUVERNAIL = Uña para la caña del timon.

CRAQUER UN MAT, LE FAIRE CONSENTIR = Consentir un palo.

MAT CRAQUÉ, MAT QUI A CONSENTI = Palo consentido.

CRAVAN, *sorte de vers de mer qui s'attache sur le bois* = Escaramujo.

CRAVATTE, *cordage qui soutient l'ancre suspendue derrière une chaloupe* = Boza.

CRÉANCE, AVOIR L'ANCRE EN CRÉANCE = Tener el áncla colgada.

CREUSER UN PORT = Profundar un puerto.

CREUX D'UN BATIMENT *ou* DE LA CALE = Puntal con que se debe arquear.

CREVÉ, BATIMENT CREVÉ = Barco abierto, Barco desguarnecido.

CRIC = Gato, Liron.
    DENTS D'UN CRIC = Dientes del gato.

CRIQUE = Caño, Ensenada.

CROC = Gancho.
    CROC DE CAPON = Gancho de la gata.
    CROC A ÉMÉRILLON = Gancho de virola.
    CROC A ÉMÉRILLON ET A COSSE = Gancho de virola con guardacabo.
    CROC DE LA FIGURE D'UNE S = Gancho que tiene la figura de una S.
    CROC A MAIN = Gancho de mano.
    CROC DE POMPE = Asador de bomba, Sacanabo.
    CROC A QUATRE BRANCHES = Rezon de rastrear.
    CROC QUI SERT A ACCROCHER LES PATTES DE L'ANCRE, CROC DE CANDELETTE = Gata de arronzar.
    CROC A POULIE = Moton para urdir.
    CROC *ou* BOUCLE DE CROUPIÈRE SUR UN AFFUT DE CANON = Cáncamo de retiro.

CROCHER *ou* ACCROCHER = Enganchar.

CROCHET DE FER FIXÉ AU BOUT INTÉRIEUR D'UN GUI, ET PAR LE MOYEN DUQUEL LE GUI TIENT A SON MAT = Gancho de la botabarra.

Crochet de fer qui sert de levier pour faire aller une cloche de vaisseau = Cigüeña de la campana.

Crochet pour fermer une porte *ou* une fenêtre = Aldavilla.

Crochet d'un voilier = Gancho de un velero.

Crochets d'armes = Ganchos de armas.

CROISÉE de l'ancre, la crosse, le diamant de l'ancre = Cruz del áncla.

CROISER = Estar de crucero, Cruzar en el mar.

CROISETTES, barres de perroquet = Crucetas.

CROISEUR, batiment croiseur = Barco crucero.

CROISIÈRE, lieu de croisière = Crucero.

CROISSANT du pic = Boca de la verga de mesana.

Croissant *ou* tamisaille = Medio punto de la santa Barbara *ó* Descanso de la caña del timon.

Latitude croissante = Latitud creciente.

CROISURE, longueur des vergues = Cruzámen.

CROIX dans les cables = Cruz en los cables.

Vergues en croix = Vergas en cruz.

CROUPIÈRE *ou* croupiat, *amarre de l'arrière d'une embarcation* = Codera, Rejera.

CROUTE, planche = Tabla costera.

CUEILLIR un cable, rouer un cable = Adujar un cable.

Cueillir une manœuvre = Adujar *ó* Zafar un cabo.

CUILLER a brai = Balero.

Cuiller a canon = Cuchara de cañon.

Cuiller a goudron = Cuchara de alquitran.

CUILLER DE POMPE, ROUANE DE POMPE = Barrena de media caña.

CUIRS VERDS = Cueros frescos.

CUISINE = El fogon.

CUL DE LAMPE DES BOUTEILLES = Pie del jardin.

    CUL DE PORC, *espèce de nœud* = Piña.

    CUL DE PORC DOUBLE, NŒUD DE HAUBANS = Engañadura.

    CUL DE PORC SIMPLE = Piña.

    FAIRE UN CUL DE PORC = Hacer una piña.

    CUL DE VAISSEAU = Popa del navío.

    CUL QUARRÉ = Popa llana.

    CUL ROND = Popa redonda.

    ÊTRE SUR LE CUL = Navío que está metido de popa.

CULASSE D'UN CANON = Culata de un cañon.

CULER, BATIMENT QUI CULE = Ir atras.

    BRASSE A CULER! = Bracea para ir atras!

CURETTE A POMPE = Rasqueta de bomba.

CUTTER = Balandra, Cutter.

DAM

DAGUE DE PRÉVÔT = Rebenque para azotar los marineros.

DALE POUR EMBARQUER DE L'EAU *ou* DES BOULETS = Dala ó Adala.

    DALE DE POMPE = Dala ó Adala de bomba.

DALOT, MAUGÈRE = Embornal.

    DALOTS A TUYAUX DE PLOMB = Canales de plomo en los embornales.

DAMES DES FARGUES D'UN CANOT = Macarrones.

DAMES

Dames placées sur l'arrière d'une chaloupe = Cabillones, Orejas.

DANGER, vigie = Vigía.

DARSE = Darsena.

DAUPHINS *ou* jottereaux de beaupré = Curvas bandas.

DAVIER *ou* minot pour les ancres = Gabiete, Pescante.

Montans du davier = Galápago.

DÉ en cuivre pour les poulies = Dado de bronce.

Dé d'un rouet de poulie = Dado de una roldana.

DÉBANQUER, quitter les accores d'un banc = Salir del beril *ó* del cantil del banco.

DÉBARCADÈRE = Muelle, Desembarcadero.

DÉBARQUEMENT = Desembarco.

Lieu de débarquement = Lugar de desembarco.

DÉBARQUER de la troupe = Desembarcar tropa.

Débarquer des marchandises = Desembarcar mercancías.

Se débarquer = Desembarcarse.

DÉBITTER le cable = Desbitar el cable.

DÉBORDER d'un batiment, pousser au large étant a terre = Desatracar, Empujar.

Déborde! = Desatraca!

DÉBOSSER = Quitar las bozas.

DÉBOUQUEMENT = Desembocadero.

DEBOUQUER = Desembocar.

DEBOUT a la lame = Aproado á la mar.

Prendre la lame debout = Tomar la mar por la proa *ó* por la lua.

Debout au vent, vent debout = Viento por la proa.

DÉCAPELER des haubans, une hune = Desencapillar obenques, una cofa.

DÉCAPER, se mettre au large = Enmarar, Salir fuera de cabos, Zafarse de puntas.

DÉCHARGE *ou* déchargement = Descargamiento.
 Être en décharge = Estar descargando.

DÉCHARGER un batiment = Descargar un barco.
 Décharger un canon = Descargar un cañon.
 Décharger des marchandises = Descargar mercancias.
 Décharger les voiles en virant de bord = Cambiar las velas virando de bordo.
 Décharge devant ! = Cámbia á proa !
 Décharge derrière ! = Cámbia á popa !

DÉCHIRER, *en parlant des voiles* = Rifar.
 Le vent a déchiré les voiles = El viento rifó las velas.

DÉCHOUER un vaisseau = Echar un navío á flote, Desencallar un navío, Echar á flote un navío encallado.
 Se déchouer = Desvararse.

DÉCLINAISON *ou* variation de l'aiguille, du compas = Declinacion ó Variacion de la aguja.
 Déclinaison du soleil, des étoiles = Declinacion del sol, de las estrellas.

DÉCOMMETTRE, détordre un cable = Descolchar un cable.

DÉCOUDRE des bordages = Quitar ó Zafar tablas.

DÉCOUVERTE = Descubierta.
 Aller a la découverte = Ir á la descubierta.
 Une découverte *ou* vigie = Una centinela para descubrir.

DÉCOUVRIR = Descubrir.

Découvrir l'ennemi = Descubrir al enemigo.

Découvrir la terre = Descubrir la tierra.

Découvrir un objet dans la direction du bossoir = Observar algo en la direccion de la serviola.

Découvrir, *en parlant des roches* = Velar.

Les roches découvrent = Las piedras velan, El arrecife vela.

DÉDOUBLER un batiment, lui ôter son doublage = Quitar el forro.

Dédoubler, ôter les bordages = Quitar, Zafar las tablas ó la tablazon.

Dédoubler, ôter des tours a un amarrage = Quitar vueltas.

DÉFENSES d'une embarcation = Defensas, Varaderos.

DÉFERLER, *en parlant de la mer* = Romper.

La mer déferle = Rompe la mar.

Déferler les voiles = Largar las velas.

Les fanons du petit hunier en signal de partance = Diferir el velacho.

DÉFIER l'ancre du bord = Desatracar el áncla del costado.

Défie du vent! No toca, No orza mas! No va mas á barlovento!

DÉFONCER une barrique = Desfondar una pipa.

Défoncer une voile = Desfondar ó Rifar una vela.

DÉFOURER, dégarnir = Quitar el forro.

DEGAGER = Zafar.

Dégager la batterie = Zafar la bateria.

Dégager les manœuvres = Zafar cabos.

DÉGARNIR (*véase* DÉGRÉER).

DÉGAUCHER une pièce de bois = Desbastar.

DÉGORGEOIR, épinglette = Aguja para romper el cartucho.

DÉGRADÉ, matelot dégradé = Marinero degradado.

DEGRÉ = Grado.

DÉGRÉEMENT = Desaparejo.

DÉGRÉER ou dégarnir un vaisseau = Desaparejar un navío.

    Dégréer un mat, une vergue = Desaparejar un palo, una verga.

DEHORS = Fuera, Afuera.

    Être dehors d'un port = Estar afuera de un puerto.

    Mettre dehors = Salir afuera, Echarse afuera.

    Toutes voiles dehors = Todas las velas afuera.

    Il y a grosse mer dehors = Hay mucha mar afuera.

DÉJAUGER = Descubrir.

    Le batiment a déjaugé de N pieds = El barco ha descubierto N pies.

DELAISSEMENT, abandon = Abandono.

DÉLESTER = Delastrar.

DÉLIAISON = Desligazon.

DÉLIER, se délier = Desligarse.

DÉLIVRER des bordages = Quitar unas tablas.

DEMANDE, venir a la demande, venir a l'appel, en parlant d'un cordage = Venir en demanda.

    Cette manœuvre vient a l'appel de l'autre = Este cabo viene en demanda del otro ó está en demanda suya.

DÉMARRER = Desamarrar.

Démarrer un vaisseau = Desamarrar un navío.

Se démarrer = Desamarrarse.

DÉMATAGE = Desarbolo.

DÉMATÉ, être dématé ras comme un ponton = Estar hecho una balsa, Estar hecho una boya.

DÉMATER, perdre ses mats *ou* l'un d'eux = Desarbolar.

DEMI-BANDE, donner une demi-bande = Dar péndoles.

Demi-clef = Medio cote.

Faire deux demi-clefs = Hacer dos cotes.

Demi-flot = Media marea.

Demi-nœud = Nudo de encapilladura.

DÉMOLIR un vaisseau = Demoler un navío.

DÉMONTER = Desmontar.

Démonter un canon = Desmontar un cañon.

Démonter un commandant = Quitar el mando.

Démonter le gouvernail = Desmontar ó Quitar el timon.

Démonter la barre du gouvernail = Desmontar ó Quitar la caña del timon.

DÉPART = Salida.

Point de départ = Punto de salida.

DÉPARTEMENT = Departamento.

DÉPASSER un batiment a la voile = Doblar un barco á la vela.

Dépasser un cap = Doblar un cabo.

Dépasser une manœuvre = Desguarnecer un aparejo.

Dépasser un mat de hune = Quitar un mastelero.

Dépasser les tours du cable = Quitar vueltas al cable.

DÉPENDANT, ALLER EN DÉPENDANT = Arribar derivando.

DÉPLACEMENT D'EAU = Deplazamiento de agua.

DEPLANTER UNE ANCRE = Arrancar el áncla.

DÉPLOYER, DÉFERLER, *en parlant de la mer* = Romper.

    DÉPLOYER LE PAVILLON, FAIRE PAVILLON = Hacer bandera.

    DÉPLOYER LES VOILES, METTRE LES VOILES AU VENT = Largar las velas.

DÉPRESSION DE L'HORIZON (*véase* ABAISSEMENT).

DÉRADER = Irse á la mar por falta de amarras.

DÉRALINGUER UNE VOILE = Derralingar una vela.

DÉRAPER, DÉPLANTER L'ANCRE = Arrancar el áncla.

DÉRIVE = Deriva, Abatimiento.

    ALLER EN DÉRIVE, ALLER AU GRÉ DES VENTS ET DE LA MER = Ir á palo seco ó á la voluntad de los vientos.

    AVOIR BELLE DÉRIVE, AVOIR DE L'EAU A COURIR = Estar en ancho mar, Estar muy forano.

DÉRIVÉ, ÊTRE DÉRIVÉ LOIN DE SA ROUTE = Estar descaecido ó lejos de su rumbo.

DÉRIVER = Derivar, Abatir, Irse á la ronza.

DÉS DE FONTE DES POULIES = Almas de bronce en las roldanas de los motones.

DÉSAFFOURCHIER, RESTER SUR UN PIED D'ANCRE = Quedarse sobre un áncla.

DÉSARME LES AVIRONS! = Desarma los remos!

DÉSARMÉ, VAISSEAU DÉSARMÉ = Navío desarmado.

DÉSARMEMENT = Desarmamento.

DÉSARMER un vaisseu, lui ôter ses agrès et son artillerie = Desarmar un navío.

DÉSARRIMER un vaisseau, lui ôter son lest = Quitar el enjunque á un navío.

Désarrimer des plans de barriques *ou* de marchandises = Quitar la estiva, Desestivar.

DESCEND, la mer descend = Vacia la mar.

DESCENDRE une rivière = Venir rio abaxo, Baxar un rio.

Descendre a terre = Baxar á tierra, Saltar á tierra.

DESCENTE, faire une descente, un débarquement = Hacer un desembarco.

DÉSEMPARÉ, vaisseau désemparé, qui a tout en pantenne = Navío desmantelado.

Désemparé d'un mat, d'une vergue, etc. = Desarbolado de un palo, de una verga, etc.

DÉSEMPARER l'ennemi d'une vergue = Romper, Cortar una verga al enemigo.

DÉSENVERGUER *ou* détacher les voiles = Desenvergar las velas.

DÉSERTEUR = Desertor.

DESSUS, être vent dessus, vent dedans = Estar en facha, Estar al payro.

Avoir le dessus du vent = Estar á barlovento.

DESTINATION, *lieu où doit aller un bâtiment* = Destino.

DESTINÉ, être destiné pour tel endroit = Ir con destino á tal parte, Llevar destino para tal parte.

DÉTACHEMENT de matelots, de troupes = Destacamento de marineros, de tropas.

DÉTACHER un vaisseau d'une armée = Destacar un navío de una armada.

DÉTAIL = Detalle.

Être chargé du détail = Estar encargado del detalle.

DÉTALINGUER le cable = Detalingar el cable.

DÉTAPER les canons = Quitar las corchas á los cañones.

DÉTROIT = Estrecho.

DEVANT, être devant = Estar á proa.

Être vent devant = Tener viento por la proa.

Être droit vent devant = Tener viento á filo de roda.

DÉVENTER = Quitar el viento.

DEVIRER au cabestan = Arribar ó desvirar al cabrestante.

DEVIS d'un vaisseau = Historia de un buque.

DIABLON, petite voile d'étai = Vela de estay, de periquito, de sobremesana.

DIABLOTIN ou voile d'étai du perroquet de fougue = Vela de estay de sobremesana.

DIAMANT d'une ancre = Tea del áncla.

DIANE = Diana.

Battre la diane = Tocar la diana.

Coup de canon de diane = Cañonazo del alba.

DIFFÉRENCE en latitude ou en longitude = Diferencia en latitud ó longitud.

Différence de tirant d'eau = Diferencia de calados.

DIMENSIONS ou proportions d'un batiment ou de ses différentes parties = Dimensiones de un barco.

DIMINUER DE VOILES = Acortar de velas.

DIRECTEUR D'UN ARSENAL = Director ó Inspector del arsenal.

DIRECTEUR DES VIVRES DE LA MARINE = Director de los víveres de la marina.

DIRECTION DU PORT = Despacho del Director ó del Inspector del arsenal.

DISPUTER LE VENT = Disputar el barlovento.

DISTANCE, PRENDRE DES DISTANCES DE LA LUNE AU SOLEIL = Tomar distancias del margen de la luna al del sol.

DISTRIBUER L'ÉQUIPAGE EN GAMELLES = Ranchear ó Arranchar los marineros, Hacer ranchos.

DISTRIBUTEUR, COMMIS DE LA CAMBUSE = Despensero.

DISTRIBUTION D'UN VAISSEAU = Repartimientos interiores.

DIVISION = Division.

CHEF DE DIVISION = Xefe de division.

DOGRE, DOGRE-BOT = Dogre, barco de que usan los holandeses en el banco de dogre para la pesquería del bacalao.

DOGUE D'AMURE = Castañuela ó Postelero de la amura.

DÔME DU GRAND ESCALIER D'UN VAISSEAU = Carroza.

DONNER A LA BANDE = Tumbar, Rendir, Dar á la banda.

DONNER LA BORDÉE = Dar una descarga entera de cañones.

DONNER LA CALE = Dar zambullidas.

DONNER UN COUP DE TALON, TALONNER = Tocar, Dar culadas.

DONNER UNE FAUSSE DROSSE AU GOUVERNAIL = Dar un guardian doble á la caña del timon.

DONNER A LA GROSSE *ou* PRÊTER DE L'ARGENT A LA GROSSE AVENTURE = Dar dinero á la gruesa.

DONNER DANS LE PORT = Dar en el puerto.

DONNER LA REMORQUE = Dar el remolque.

DONNER LA ROUTE = Dirigir el rumbo.

DONNER UN SUIF *ou* UN COURAI A UN BATIMENT = Dar betun á un barco.

DONNER VENT DEVANT = Dar por delante.

DONNER UNE VOILE A UN BATIMENT, ALLER AUSSI BIEN QUE LUI AVEC UNE VOILE DE MOINS = Dar una vela á un barco.

DONNER LA VOIX, *chanter pour faire effort ensemble* = Salomar.

DORMANT D'UNE MANŒUVRE = Arraigado.
FAIRE DORMANT = Hacer arraigado.
MANŒUVRES DORMANTES = Aparejos pendientes.

DOSSIER D'UN CANOT = Escudo de armas.

DOUBLAGE D'UN BATIMENT = Forro de un barco.
DOUBLAGE EN BOIS = Forro de tablas.
DOUBLAGE EN CUIVRE = Forro de cobre.
DOUBLAGE EN PLOMB = Forro de plomo.
DOUBLAGE DU GOUVERNAIL = Forro del timon.

DOUBLE, ENVOYER LE DOUBLE D'UNE MANŒUVRE EN BAS = Mandar el chicote abaxo.

DOUBLER UN VAISSEAU *ou* DOUBLER LE FRANC-BORD D'UN VAISSEAU = Forrar un navío.
DOUBLER EN BOIS = Forrar de tablas.
DOUBLER EN CUIVRE = Forrar de cobre.
DOUBLER LES AMARRES = Doblar las amarras.

DOUBLER UN CAP, PARER UN CAP = Doblar ó Montar un cabo.

DOUBLER LA LIGNE = Doblar la línea.

DOUBLER, DÉPASSER UN VAISSEAU A LA VOILE = Doblar un navío á la vela.

DOUBLER LES ÉCARTS (véase ÉCARTS).

DOUBLER LES GARCETTES SUR LA TOURNEVIRE = Amojelar espeso.

DOUCEUR (en) = Despacio, Poco á poco.

AMÈNE EN DOUCEUR! FILE EN DOUCEUR! = Arría poco á poco!

VIRE EN DOUCEUR! = Vira poco á poco!

DOUELLES ou DOUVES DE FUTAILLES = Duelas.

DRAGUE POUR PÊCHER = Rastro ó Rastra.

DRAGUES, *bordages épais et qui font saillie, cloués sous la carène d'un bâtiment destiné à échouer souvent* = Costones.

DRAGUER UNE ANCRE = Rastrear un ancla.

DRAGUER POUR PÊCHER = Rastrear.

DRAILLE ou GUI DU PALAN D'ÉTAI = Guia de la candaliza.

DRAILLE D'UNE VOILE ou D'UNE TENTE = Nervio.

DRESSER LA BARRE = Poner el timon á la via.

DRESSER LA MATURE = Enderezar la arboladura.

DRISSE = Driza.

DRISSE DE GRANDE VERGUE ou GRANDE DRISSE = Driza mayor.

DRISSE D'ARTIMON = Driza de mesana.

DRISSE DE MISAINE = Driza de trinquete.

DRISSE DES BONNETTES = Driza de las rastreras y alas.

DRISSE A CALIORNE = Driza de aparejo real.

DRISSE DU GRAND FOC = Driza del foque mayor.

DRISSE DU GRAND HUNIER = Driza de gavia.

DRISSE DU PETIT HUNIER = Driza de velacho.

ITAGUE DE DRISSE DES HUNIERS = Ustaga de gavia y de velacho.

DRISSE A ITAGUE = Driza de ustaga.

DRISSE DE PERROQUET = Driza de juanete.

DRISSE DU GRAND PERROQUET = Driza del juanete mayor.

DRISSE DU PETIT PERROQUET = Driza del juanete de proa.

DRISSE DU PERROQUET DE FOUGUE = Driza de sobre-mesana.

ITAGUE DE DRISSE DE PERROQUET = Ustaga de juanete.

DRISSE DE LA PERRUCHE = Driza de periquito.

DRISSE DU PIC *ou* D'UNE VERGUE A CORNE = Driza de la cangreja.

DRISSE DE VOILE D'ÉTAI = Driza de vela de estay.

DRISSE DE FLAMME = Driza del gallardete.

DRISSE DE PAVILLON = Driza de la bandera.

SEPS DE DRISSE = Guindastes, Avitones.

DROIT, LE BATIMENT EST DROIT, IL NE DONNE PAS A LA BANDE = Está adrizado ó adrizo el barco.

BARQUE DROITE = Barca derecha.

DROIT LA BARRE! = Derecho la caña!

DROITS D'ANCRAGE, DROITS DE PORT = Derechos de puerto.

DROITS DE HALAGE = Derechos de sirga.

DROIT DES PILOTES, TAXE *ou* TARIF POUR LE PILO-TAGE = Derecho de pilotage.

DROITS DE QUAI = Derechos de muelle.

DROIT DE LA STARIE EXTRAORDINAIRE = Paga por las dias de demora, Demoraje.

DROITS DE TONNAGE = Derechos de balizas.

Acquitter les droits d'un navire a la douane, payer les droits de la douane = Clarar un navío.

DROME, mats de hune et vergues de rechange = Madera de respeto.

Drome *ou* radeau pour se sauver après un naufrage = Jangada, Zata.

DROSSE d'artimon *ou* drosse de racage d'artimon = Troza de mesana.

Drosse de racage *ou* lanière de la grande voile et de la voile de misaine = Aparejito del racamento mayor y del trinquete.

Drosse *ou* palan de canon = Palanquin.

Drosse de gouvernail = Galdrope, Guardin.

DROSSÉ, être drossé par les courants = Estar arrastrado por la corriente.

DUNES, collines de sable au bord de la mer = Mánganos de arena, Dunas.

DUNETTE = Toldilla.

DUR, vaisseau dur a la voile = Navío duro á la vela ó duro al aparejo.

Vaisseau dur a venir au vent = Navío duro para orzar.

EAU

EAU = Agua.

Eau de campagne = Agua de campaña.

Eau courante = Agua corriente.

Eau douce = Agua dulce.

Eau de mer, eau salée = Agua del mar.

Eau saumatre = Agua salobre.

A fleur d'eau = A la lumbre del agua.

Faire de l'eau, *pour provision* = Hacer aguada.

VAISSEAU QUI FAIT EAU, QUI A PLUSIEURS VOIES D'EAU = Navío que hace agua.

VAISSEAU QUI NE FAIT PAS D'EAU = Navío que no hace agua.

EAUX MORTES *ou* MORTES EAUX = Aguas muertas.

EAUX VIVES *ou* VIVES EAUX, *grandes marées* = Aguas vivas.

ÊTRE DANS LES EAUX D'UN VAISSEAU = Estar en las aguas de un navío.

EBE *ou* JUSANT = La vaciante.

ÉCART = Ayuste, Junta, Escarpe.

ÉCART DOUBLE = Escarpe doble.

ÉCART SIMPLE, ÉCART EN ABOUT, ÉCART QUARRÉ = Junta.

ÉCART LONG COMME CEUX DES PIÈCES DE LA QUILLE *ou* DES BAUX D'ASSEMBLAGE = Escarpe.

ÉCART PLAT, FAIRE DES ÉCARTS PLATS *ou* A MI-BOIS Empalmar.

ÉCARTS DE LA QUILLE = Juntas de la quilla.

DOUBLER LES ÉCARTS *ou* ÉCARVER = Cruzar las juntas.

ÉCARVER = Endentar, Hacer escarpes, Empalmar.

ÉCHAFAUD *ou* CHAFAUD SUSPENDU LE LONG DU BORD POUR QUE LES CHARPENTIERS *ou* CALFATS PUISSENT TRAVAILLER = Plancha de viento, Andamio.

ÉCHAFAUD TRIANGULAIRE POUR TRAVAILLER A' BORD LE LONG DES MATS = Guindola.

ÉCHANTILLON, ÉPAISSEUR DE LA MURAILLE D'UN BATIMENT = El grueso del costado.

ÉCHARPES *ou* HERPES DE BEAUPRÉ, LISSES D'ÉPERON *ou* DE POULAINE = Perchas ó Brazales de proa.

ÉCHAPPER, S'ENFUIR = Escaparse, Zafarse, Huirse.

ÉCHAUDIS = Argollas triangulares.

ÉCHAUME *ou* TOLET = Tolete.

ÉCHELLE = Escalera.

ÉCHELLE DE COMMANDEMENT = Escalera real.

ÉCHELLE DE CORDE, DE POUPE = Escalera de cabo.

ÉCHELLE DE CÔTÉ, *celle qui est par le travers du grand mat* = Escalera del costado.

INTERVALLE QUE LAISSENT A L'ÉCHELLE LES BASTINGAGES DES PASSAVANTS = Portalo.

ÉCHOUAGE *ou* ÉCHOUEMENT = Barada, *accion de encallar.*

ÉCHOUER *ou* S'ÉCHOUER A LA CÔTE = Barar ó Encallarse á la costa.

ÉCLAIRCI, EMBELLI = Aclarada.

ÉCLAT DE BOIS, COUPEAU = Astillazo.

ÉCLI = Astilla.

ECLIÉ, MAT ÉCLIÉ *ou* FENDU = Mastelero ó Palo rendido.

ECLINGURE *ou* RABLURE = Alefris.

ECLUSE = Esclusa.

ECOUET *ou* AMURE = Amura.

ECOUET DOUBLE = Amura doble.

ECOUET SIMPLE = Amura.

ECOUTE = Escota.

ECOUTE DES BASSES VOILES, ET VOILES LATINES = Escota.

ECOUTE DE HUNE ET DE PERROQUET = Escotin, *pluriel* Escotines.

LES ÉCOUTES DE GRANDE VOILE ET DE MISAINE, ET CELLES DU GRAND ET PETIT HUNIER = Las escotas de vela mayor y trinquete y les escotines de gavia y velacho.

ECOUTES DES BONNETTES BASSES = Escotas de las rastreras.

ECOUTES DE REVERS = Escotas de sotavento, Escotas de revés.

ECOUTES DU VENT = Escotas de barlovento.

FAUSSES-ÉCOUTES = Contraescotas.

ECOUTES VOLANTES = Escotas volantes.

BORDER LES ÉCOUTES = Cazar las escotas.

LARGUER LES ÉCOUTES = Largar las escotas.

ECOUTILLE = Escotilla.

GRANDE ÉCOUTILLE = Escotilla mayor.

ECOUTILLE DE L'ARRIÈRE, ÉCOUTILLE AUX POUDRES = Escotilla de popa.

ECOUTILLE DE LA FOSSE AUX CABLES = Escotilla de proa del pañol de los cables.

ECOUTILLE AUX VIVRES = Escotilla de los víveres.

PANNEAU *ou* QUARTIER POUR LES ÉCOUTILLES = Quartel; *pluriel* Quarteles para escotillas.

PANNEAUX EN CAILLEBOTS POUR LES ÉCOUTILLES = Enjaretados de las escotillas.

ECOUTILLON = Escotillon, Escotilloncito.

ECOUVILLON = Lanada.

ECOUVILLONNER = Limpiar los cañones con la lanada.

ECRIVAIN, AGENT COMPTABLE SUR UN VAISSEAU DE GUERRE = Contador.

ECRIVAIN DE BATIMENT MARCHAND = Escribano.

ECRIVAIN DE LA MARINE = Contador de marina.

ECUBIERS = Escobenes.

FOURRURE D'ECUBIERS = Tacos baxo los escobenes.

ECUEILS = Arrecife, Restinga, Piedras, Baxío, Escollos.

ECUELLE DU CABESTAN, *plaque de fer sur laquelle repose le pivot du cabestan* = Tajuelo del cabrestante.

ECUME

ECUME = Espuma.

LA MER ÉCUME = La mar espuma.

ECUMER LA MER, PIRATER = Hacer de pirata.

ECUMEUR DE MER = Pirata.

ECUSSON = Escudo.

BARRE D'ÉCUSSON = Contrayugo.

EGORGEOIRS, FAUSSES CARGUES POUR ÉTOUFFER UNE VOILE = Trapas para apagar una vela.

EGORGER UNE VOILE = Apagar la vela con trapas.

EGUILLETER, SAISIR AVEC UNE GARCETTE = Dar vuelta con una rabiza ó mogel.

EGUILLETTE (*véase* AIGUILLETTE).

EGUILLOTS DU GOUVERNAIL = Machos del timon.

ELAN QUE FAIT UN BATIMENT = Guiñada.

ELANCÉ, BATIMENT QUI EST ÉLANCÉ = Barco que tiene lanzamiento de proa.

ELANCEMENT = Lanzamiento.

ELANCEMENT DE L'ÉTRAVE = Lanzamiento de la roda.

ELEVER, S'ÉLEVER EN LATITUDE = Elevarse en latitud.

S'ELEVER DANS LE VENT = Grangear el barlovento.

ELINGUE DE CORDE = Eslinga.

ELINGUE A PATTES = Gafas.

ELINGUER = Eslingar, Embargar.

ELINGUETS, LINGUETS = Linguetes.

ELOIGNER, S'ÉLOIGNER D'UN VAISSEAU, DÉBORDER = Apartarse de un navío.

ELONGER UNE AMARRE = Extender una amarra.

ELONGER *ou* PROLONGER UN BATIMENT = Prolongar un barco.

ELONGER UN CORDAGE POUR L'EMPÉCHER DE PRENDRE

ENSUITE DU MOU *ou* DE FAIRE DES COQUES = Estirar.

ELONGER LA CÔTE = Prolongar la costa.

ELONGIS DU MAT = Baos.

EMBARCADÈRE = Embarcadero.

EMBARCATION = Bote, Embarcacion, Lancha, Esquifa.

EMBARDÉE = Guiñada.

LE VAISSEAU DONNE UNE EMBARDÉE A BABORD = El navío hace guiñadas por babor.

EMBARDER, DONNER DES EMBARDÉES = Guiñar, Hacer guiñadas.

EMBARGO, METTRE EMBARGO = Embargo, Poner embargo.

EMBARQUE! = Embarca!

EMBARQUEMENT DE TROUPES = Embarco de tropas.

EMBARQUER = Embarcar.

EMBARQUER LES CANOTS ET CHALOUPES = Meter adentro las embarcaciones.

EMBARQUER LES MARCHANDISES = Embarcar las mercancías.

EMBARQUER DES TROUPES = Embarcar tropas.

S'EMBARQUER = Embarcarse.

EMBELLE, *la partie d'un vaisseau comprise entre les gaillards* = Combes.

EMBOSSER, S'EMBOSSER, S'ENTRAVERSER, PRÉSENTER LE TRAVERS EN S'EMBOSSANT = Acoderarse.

EMBOSSURE = Codera, Regera, Varloa.

EMBOUCHURE D'UNE RIVIÈRE = Desembocadura, Desembocadero.

EMBOUDINURE DE L'ANCRE = Cigalo, Forro del arganeo, Anetadura del áncla.

EMBOUQUER = Embocar.

EMBOURDER, TENIR DROIT UN BATIMENT ÉCHOUÉ = Apuntalar un barco.

EMBROMER, MERLINER = Trincafiar, Empalomar.

EMBRUMÉ, TEMPS EMBRUMÉ = Tiempo cargado de niebla.

ÉMÉRILLON POUR PÊCHER = Arpon, Anzuelo.
CROC A ÉMÉRILLON = Gancho de virola.

EMMÉNAGEMENS D'UN BATIMENT = Repartimientos.

EMPATER DEUX PIÈCES DE BOIS = Empalmar.
EMPATER, PRÉSENTER LES TOURONS POUR FAIRE UNE ÉPISSURE = Presentar los cordones.

EMPATURE DE DEUX PIÈCES DE BOIS = Empalmadura.

EMPENNELAGE = Engalgadura.

EMPENNELLE, ANCRE D'EMPENNELLE = Anclote de engalgadura ó de galga.

EMPENNELER L'ANCRE, BRIDER L'ANCRE = Engalgar el áncla, Dar la zapata á la uña del áncla.

EMPLANTURE DU CABESTAN = Concha ó Carlinga del cabrestante.
EMPLANTURE D'UN MAT = Carlinga.

EMPOINTURE (*véase* POINTURE).

ENCABLURE = El cumple ó el largo de un cable, Largura de un cable.

ENCAPER, *l'opposé de décaper* = Entrar adentro de puntas.

ENCLOUER UN CANON = Enclavar un cañon.

ENCOMBREMENT = Empacho, Embarazo.

ENCOMBRER un batiment = Empachar, Embarazar un barco.

BATIMENT ENCOMBRÉ = Barco empachado.

ENDENTEMENT, *terme de charpentier* = Endentado.

ENDENTER, ENLIOUBER, *c'est-à-dire, qu'on donne au bout d'un morceau de bois la forme d'un coin, et qu'on l'introduit dans l'autre pièce préparée pour le recevoir comme dans les mâts à pible* = Enmechar.

ENDENTER PAR DES ADENTS, *comme les différentes pièces d'un mat d'assemblage* = Endentar.

ENDENTER DEUX TÊTES DE BORDAGE *ou* DEUX TÊTES DE MEMBRURE = Juntar con escarpe ó Empalmar.

ENFILADE = Hilera.

ENFILER un vaisseau = Enfilar un navío.

ENFLÉCHURES = Flechaduras ó Flechastes.

FAIRE DES ENFLÉCHURES = Hacer flechaduras.

METTRE LES ENFLÉCHURES = Meter las flechastes.

ENGAGÉ, ÊTRE ENGAGÉ SUR LA CÓTE = Estar empeñado sobre la costa.

CORDAGE ENGAGÉ DANS UNE POULIE = Cabo mordido.

LE GARANT EST ENGAGÉ = La veta está mordida.

ENGAGEMENT, COMBAT = Combate.

ENGAGER une partie d'un batiment *ou* de sa cargaison = Empachar.

ENGAGER UN COMBAT = Empeñar ó Travar un combate.

ENGAGER DANS LA LAME = Dormir en el balance.

ENGAGER DES MATELOTS, LES ENRÔLER = Enganchar marineros.

ENGORGÉE, LA POMPE EST ENGORGÉE = La bomba está obstruida.

ENGRAVER LE PREMIER PLAN = Salar la pipería.

ENGRENER une pompe = Echar agua en el tubo de la bomba.

ENHUCHÉ, batiment enhuché = Barco alteroso de popa.

ENJALER une ancre = Encepar un áncla, Poner sus cepos al áncla.

ENLIOUBER = Enmechar. (*véase* ENDENTER.)

ENNEMI, vaisseau ennemi = Navío enemigo.

ENROLER = Enganchar, Alistar.

ENSEIGNE, officier = Alférez.
Enseigne, pavillon = Bandera.

ENSEMBLE! *commandement* = A la vez! A la una!

ENTAILLER = Encaxar.

ENTRAVERSER, s'entraverser = Acoderarse.

s'Entraverser devant un fort = Acoderarse delante de un castillo.

s'Entraverser sur un cable *ou* sur une roche = Atravesarse sobre un cable ó una roca.

ENTRE-DEUX de sabord dans l'intérieur d'un vaisseau = Chaza.

ENTREE d'une baie = Boca de una bahía.
Entree d'un port = Entrada de un puerto.

ENTREMISES, clefs, *terme de charpentage* = Atravesaños de las latas, Entremiches.

ENTRE-PONT = Entrepuente.

ENTRER dans le bassin = Entrar en el dique.
Entrer dans un port = Entrar en un puerto.

ENTRE-TOISE d'un affut de canon = Teleron de una cureña.
Espèce d'entre-toise ou petite pièce de bois qu'on

PLACE PAR-DESSUS LE BEAUPRÉ, ENTRE LES DEUX APÔTRES, POUR LE CONTENIR A L'ENDROIT DE L'É-TRAVE = Entremiche sobre el bauprés.

ENVERGUER LES VOILES = Envergar las velas.

ENVERGUER LES VOILES TOUT PLAT = Envergar las velas á besar.

ENVERGURE, LONGUEUR DES VERGUES = Cruzámen.

ENVERGURE D'UNE VOILE = Gratil.

RABANS D'ENVERGURE = Envergues.

ENVOYER UNE BORDÉE = Hechar una descarga.

ENVOYER UN COUP DE CANON = Tirar un cañonazo.

ENVOYER VENT DEVANT, DONNER VENT DEVANT = Dar por delante.

EPATEMENT DES HAUBANS = Abra de la obencadura.

EPAULE, JOUE D'UN BATIMENT = Mura de proa.

EPAVES DE LA MER, CHOSES DE LA MER *ou* DU FLOT = Causas fluctuantes de la mar.

EPERON D'UN BATIMENT = Tajamar, Esperon.

EPINGLETTE DE CANON = Aguja para cañon.

EPISSER = Hacer costura, Ayustar.

EPISSER LES CABLES = Hacer el ayuste de los cables.

EPISSOIR = Pasador.

EPISSURE = Costura.

EPISSURE DES CABLES = Ayuste de los cables.

EPISSURE COURTE = Costura redonda, Costura corta.

EPISSURE D'ESTROPE *ou* A ŒILLET = Costura de ojo.

EPISSURE LONGUE = Costura larga, Costura llana ó flamenca.

EPISSURE EN PORTIÈRE DE VACHE = Costura doble.

EPITE, PETITE CHEVILLE DE BOIS = Espiche.

EPITOIR = Hierro que usan los carpinteros para abrir las cabezas de las cabillas.

EPONTILLE = Puntal.

EPONTILLES *ou* ÉTANCES A MANCHE POUR DESCENDRE DANS LA CALE = Pies de carnero.

EPONTILLER = Poner puntales.

EQUERRAGE D'UNE PIÈCE DE BOIS QUELCONQUE = Grueso á la línea y á la grua.

METTRE UNE PIÈCE DE BOIS D'ÉQUERRAGE, LA METTRE DE PROPORTION = Trabajar á la línea.

EQUERRE DROITE = Esquadra, Gnomon.

FAUSSE-ÉQUERRE = Gnomon movible.

METTRE D'ÉQUERRE = Agalibar, Quadrear.

EQUERRER = Trabajar á la línea, Línear, Agalibar.

EQUIPAGE D'UN BATIMENT = Tripulacion.

EQUIPAGE D'UN CANOT EN HOMMES = Esquifacion de un bote.

EQUIPEMENT, *tout ce que les ordonnances ont fixé en objets et en hommes pour l'équipement complet d'un bâtiment de guerre* = Dotacion.

EQUIPER EN HOMMES ET EN OBJETS = Armar, Dotar.

EQUIPER EN HOMMES SEULEMENT = Tripular.

EQUIPET = Alacena, Toquilla.

ERAILLÉ, RAGUÉ, USÉ PAR LE FROTTEMENT = Luido.

ERREUR DE L'ESTIME = Error de la estima.

ERSE, SEIRE *ou* ÉLINGUE = Salvachia.

ESCADRE = Esquadra.

ESCADRE D'ÉVOLUTION = Esquadra de evolucion.

ESCADRE D'OBSERVATION = Esquadra de observacion.

ESCALE, *lieu de relâche, lieu où l'on doit toucher avant de se rendre à sa destination* = Escala.

FAIRE ESCALE, TOUCHER *ou* RELACHER = Hacer escala.

ESCOPE *ou* écope a main = Vertedor.

    Escope longue pour calfat = Bañadera.

ESCORTE = Escolta.

ESPADE *ou* espadon, *palette pour battre et briser le chanvre sur le chevalet* = Espadilla.

ESPADER le chanvre = Espadillar.

ESPALMER un navire, donner un suif = Espalmar un navío, Dar sebo á un navío.

ESPAR pour pousser au large, arc-boutant ferré = Botalon de desatracar.

    Espar, brin de bois brut pour faire des mats de perroquet *ou* des bout-dehors = Arbolillo, Estanca.

ESPINGOLE = Esmeril, Tromblon, Espingarda.

ESQUIF, pirogue, canot = Canoa.

ESSARDER l'eau = Escurrir el agua.

ESSE pour fusée d'essieu = Sotrozo.

ESSIEU d'un affut de canon = Exe de la cureña.

    Essieu d'une poulie = Perno de un moton.

EST = Este, Levante.

    Est quart-sud-est = Este quarto al Sueste.
    Est sud-est = Este Sudeste ó Es-Sueste.
    Sud-est quart d'est = Sudeste quarto al Este.
    Sud-est = Sudeste ó Sueste.
    Sud-est quart de sud = Sudeste quarto al Sud.
    Sud sud-est = Su-Sueste.
    Sud-quart sud-est = Sud quarto al Sueste.

ESTACADE, chaîne d'un port *ou* panne formée d'un *ou* plusieurs mats qui en ferment le passage = Estacada, Cadena de un puerto.

ESTAINS *ou* cornières = Aletas, Brazales.

ESTIME DE LA ROUTE = Estima.

ERREUR DE L'ESTIME = Error de la estima.

ESTIMER LA ROUTE = Estimar la derrota.

ESTIVE, ARRIMAGE DE MARCHANDISES EN BALLOTS = Estiva.

ESTIVER, ARRIMER DES BALLOTS = Estivar, Arrumar.

ESTROPE D'UNE POULIE = Gaza.

ESTROPE A PATTES = Estrobo con gafas.

ESTROPE *ou* ESBIRE A RIDER LES HAUBANS = Estrobo de trinela para atezar los obenques.

ESTROPES DES VERGUES = Estrobos de las vergas.

ESTROPES SOUS LE CHOUQUET DES MATS DE HUNE ET DE PERROQUET = Gazas del tamborete.

ESTROPES *ou* ÉTRIERS DE MARCHE-PIEDS = Estribos.

ESTROPER *ou* METTRE UNE ESTROPE SIMPLE SANS COSSE = Engazar.

ESTROPER UNE POULIE EN METTANT UNE COSSE A L'ESTROPE = Gargantear un moton.

ETABLIR UNE CROISIÈRE = Establecer un crucero.

ETABLIR UNE VOILE = Marear una vela, Orientar una vela.

ETABLISSEMENT D'UN PORT = Establecimiento de un puerto.

ETAI = Estay.

GRAND ÉTAI *ou* ÉTAI DU GRAND MAT = Estay mayor.

GRAND FAUX-ÉTAI *ou* FAUX-ÉTAI DU GRAND MAT = Contraestay del palo mayor.

ETAI DE MISAINE = Estay de trinquete.

FAUX-ÉTAI DE MISAINE = Contraestay de trinquete.

ETAI D'ARTIMON = Estay de mesana.

ETAI DE PERROQUET DE FOUGUE = Estay del mastelero de mesana.

ETAI DE LA PERRUCHE = Estay del mastelerito de periquito.

ETAI DU GRAND HUNIER *ou* ÉTAI DU GRAND MAT DE HUNE = Estay del mastelero mayor.

ETAI DU PETIT HUNIER *ou* ÉTAI DU PETIT MAT DE HUNE = Estay de velacho.

ETAI DE GRAND PERROQUET = Estay del juanete mayor.

ETAI DE PETIT PERROQUET = Estay del juanete de velacho.

ETAI DE TANGAGE = Falso estay.

COLLET D'ÉTAI = Gaza de estay.

COLLIER D'ÉTAI = Gaza de la vigota de estay.

COLLIER DU GRAND ÉTAI = Gaza del estay mayor.

COLLIER D'ÉTAI DE MISAINE = Gaza del branque.

FAUX-ÉTAI = Contraestay.

VOILES D'ÉTAI (*véase* VOILES).

ETALE, LA MER EST ÉTALE = La mar está parada.

ETALER, *en parlant d'un cordage qui résiste à un effort subit* = Aguantar la estrepada.

UN DES DEUX CABLES A CASSÉ, L'AUTRE A ÉTALÉ = Uno de los dos cables se rompío, el otro aguantó la estrepada.

ETALER UN COURANT = Sostenerse contra la corriente.

ETALER UN VAISSEAU, ALLER AUSSI VITE QUE LUI = Mantenerse con un barco.

ETALINGUER *ou* TALINGUER, AMARRER UN CABLE A L'ARGANEAU DE L'ANCRE = Entalingar.

ETALINGURE = Entalingadura, Balzo.

ETAMBOT = Codaste.

CONTRE-ÉTAMBOT INTÉRIEUR = Contracodaste interior.

CONTRE-ÉTAMBOT EXTÉRIEUR = Contracodaste exterior.

Courbe de l'étambot = Curva coral.

Rablure de l'étambot = Alefris del codaste.

ETAMBRAI *ou* jaumière du gouvernail = Limera del timon.

Etambrais du cabestan = Fogonaduras del cabrestante.

Etambrais d'un mat = Fogonaduras de un palo.

Etambrais du grand mat = Fogonaduras del palo mayor.

Etambrais du mat d'artimon = Fogonaduras del palo de mesana.

Etambrais du mat de misaine = Fogonaduras del palo de trinquete.

Etambrais des pompes = Fogonaduras de las bombas.

ETAMINE a pavillon = Lanilla.

ETANCHE, *qui tient l'eau* = Estanco.

ETANCHER l'eau, franchir a la pompe = Achicar el agua.

ETARQUER, mettre en coche = Arreclamar.

Hunier hissé en coche = Gavia arreclamada.

ETAT-MAJOR d'un vaisseau = Plana mayor de un navío.

ETÈTER un mat = Descabezar un palo.

ETOUPE du chanvre = Estopa del cáñamo.

Etoupe blanche = Estopa blanca.

Etoupe noire *ou* goudronnée = Estopa alquitranada.

ETOUPILLON pour boucher la lumière d'un canon = Clavellina.

ETRANGER, vaisseau étranger = Navío extrangero.

ETRANGLER une voile = Apagar con trapas.

ETRAVE = Branque.

Contre-étrave = Contrabranque.

Rablure de l'étrave = Aleſris del branque.

ÊTRE a l'ancre = Estar al áncla, Estar anclado.

Être en appareillage, être en partance = Estar en franquía.

Être armé en flute = Estar de urca.

Être en avant de son point *ou* de son estime, se faire de l'arrière = Estar adelantado mas que el punto.

Être a la cape = Estar á la capa.

Être ceintré sur son cable = Estar ahorcado encima el cable.

Être en chargement = Estar cargando ó Estivando.

Être dématé ras comme un ponton = Estar hecho una balza, Estar hecho una boya.

Être désemparé, avoir beaucoup d'avarie = Estar desmantelado.

Être drossé par les courans = Estar arrastrado por la corriente.

Être effloté *ou* écarté d'un vaisseau avec qui l'on allait de compagnie = Estar separado ó derivado de los otros navíos con los quales se iba de conserva.

Être emporté par les courans = Ser llevado de las corrientes.

Être a flot, flotter = Flotar ó Estar á flote.

Être a la hauteur de.... = Estar á la altura de....

Être hors de vue, avoir noyé la terre = Estar fuera de vista.

Être tout lége = Estar á plan barrido.

Être mangé par la mer = Estar cabeceando.

Être mangé par la terre, être tout près de terre = Estar aterrado.

Être mauvais voilier = Ser porron.

Être sur le côté, être a la bande = Estar tumbado.

Être sur son lest = Estar en lastre.

Être sur le nez = Estar aproado.

Être en panne, être vent dessus, être vent dedans = Estar en facha.

Être a pic = Estar á pique.

Être pilote sur un batiment, piloter un batiment = Estar de piloto, Estar de práctico.

Être au plus près = Estar ceñido.

Être du port de N canons = Ser del porte de N cañones.

Être pratique dans un lieu = Estar de práctico en un lugar.

Être retenu dans un port par les vents contraires *ou* par le mauvais tems = Ser retenido en un puerto por los vientos contrarios

Être en station = Estar de armadilla.

Être par le travers d'un batiment = Estar de traves con un barco.

Être au vent, avoir le dessus du vent = Estar á barlovento.

Être en vigie au haut d'un mat = Estar de tope.

Être a la voile, être sous voile = Estar á la vela.

ETRIER, *espèce de crampe en fer, et généralement toute bande de fer qui sert à consolider l'ajust de deux pièces* = Abrazadera de hierro.

Etrier de chaîne de haubans = Estribo de cadena para mesas de guarnicion.

Etriers de marche-pied = Estribos de los guardamancebos.

ETRIVE, ÊTRE EN ÉTRIVE, RAGUER = Rozar, Estar rozando, El rozamiento.

EVENT DU BOULET = Juego que tiene la bala al viento.
L'EVENT DES ÉTAMBRAIS POUR LE JEU DES MATS = El juego que tienen los palos.

EVENTER, PRÉSENTER AU VENT = Botar en viento
EVENTER LA QUILLE, ABATTRE EN CARÊNE = Dar de quilla.
EVENTER UNE VOILE = Marear una vela, meter en viento.

EVITAGE = Borneo.

EVITER, LOUVOYER SUR SES ANCRES = Bornear, Aproar.
LE VAISSEAU ÉVITE = El navío bornea.
EVITER A LA MARÉE = Hacer á la marea, Aproar á la marea.
EVITER LE TRAVERS AU VENT = Estar atravesado al viento.
EVITER AU VENT, PRÉSENTER LE BOUT AU VENT = Hacer al viento, Aproar al viento.

EVOLUER, *en parlant d'un bâtiment seul* = Maniobrar.
EVOLUER, FAIRE DES ÉVOLUTIONS DE GUERRE, *en parlant d'une escadre* = Evolucionar.

EVOLUTIONS NAVALES = Evoluciones navales.
ESCADRE D'ÉVOLUTIONS = Esquadra de evoluciones.

EXERCICE DU CANON = Exercicio del cañon.

EXPÉDIER UN BATIMENT POUR TELLE PARTIE = Mandar un barco para tal parte.

EXPÉDITION DE GUERRE = Expedicion de guerra.

FAÇONS d'un batiment = Delgados, Raceles, Cucharros: *ce dernier mot exprime particulièrement les pièces de tour de l'avant et de l'arrière.*

Hauteur des façons de l'arrière = Altura de los delgados de popa.

Hauteur des façons de l'avant = Altura de los delgados de proa.

FACTORERIE, comptoir = Factoría.

FAIRE aiguade, faire de l'eau pour boire = Hacer aguada.

Faire un amarrage en étrive, *comme ceux que l'on fait sur les haubans au-dessus du cap-mouton* = Hacer cruz y boton.

Faire l'arrimage = Abarrotar.

Faire une bordée = Hacer una bordada.

Faire le cabotage = Hacer el comercio costanero.

Faire chapelle, se laisser coiffer = Tomar por la lua.

Faire un congréage, congréer = Hacer entrañadura ó Embutir.

Faire un cordage en queue de rat = Echizar un cabo.

Faire côte = Dar á la costa.

Faire courir = Hacer arrivada.

Faire escale, relacher = Hacer escala.

Faire de l'eau, avoir une voie d'eau = Hacer agua.

Faire feu = Dar fuego.

Faire force de voiles = Hacer toda fuerza de velas.

Faire une levée de marins = Hacer leva de gente de mar.

Faire une liure au bout d'une corde = Falcazar.

FAIRE MARGUERITE = Poner una lantia *ó* Poner lanton

FAIRE PAVILLON, DÉPLOYER LE PAVILLON = Hacer bandera.

FAIRE LE PIRATE, ÉCUMER LA MER = Hacer de pirata

FAIRE LE QUART = Hacer la guardia.

FAIRE ROUTE A TEL AIR DE VENT = Hacer derrota á tal rumbo.

FAIRE ROUTE AU NORD = Hacer derrota al norte.

FAIRE UNE SALVE D'ARTILLERIE = Hacer una salva.

FAIRE SERVIR *ou* ÉVENTER = Marear.

FAIRE UN SIGNAL = Hacer una señal.

FAIRE *ou* PRENDRE UN TOUR MORT SUR LE CABLE AVEC LA TOURNEVIRE = Tomar margarita.

FAIRE VENT ARRIÈRE = Correr viento en popa.

FAIRE LES VIVRES = Hacer los víveres.

FAIRE VOILE = Hacerse á la vela.

FAIRE DE LA VOILE *ou* FORCER DE VOILES = Forzar de vela.

SE FAIRE DE L'AVANT = Estar atrasado mas que el punto.

FAIT, VENT FAIT, VENT TENACE A LA MÊME PARTIE = Viento entablado.

FAIX D'UNE VOILE = Relinga del gratil.

RABANS DE FAIX = Envergues.

FANAL, PHARE, TOUR A FEU = Fanal, Faro, Farol.

FANAL DE HUNE = Farol de cofa *ó* de gavia.

FANAL DE POUPE = Farol de popa.

FANAL SOURD = Linterna secreta *ó* Farol secreto.

FANAL DE SOUTE A POUDRE = Farol del pañol de pólvora.

FANAUX DE COMBAT = Faroles de combate.

FANONS D'UNE VOILE = Los bolzos de una vela.

LARGUER

LARGUER LES FANONS DU PETIT HUNIER, EN SIGNAL
  D'APPAREILLAGE = Diferir el velacho.

FARDAGE POUR ARRIMER = Almohadas de estiva.
  FARDAGES, MORCEAUX DE REMPLISSAGE = Piezas de
  enchimiento.

FARGUES = Falcas, Falques.

FASIER ou FASEYER = Tocar, Flamear.
  METTRE A FASIER ou EN RALINGUE = Poner á tocar
  ó flamear.
  LES VOILES FASEYENT = Tocan ó Flamean las velas.

FATIGUER = Trabajar.
  LE BATIMENT FATIGUE = Trabaja el barco.

FAUBERT, *balai de vaisseau* = Lampazo.
  FAUBERT A RAFRAÎCHIR LES CANONS = Lampazo para
  refrescar los cañones.

FAUBERTER = Lampacear.

FAUSSE-ÉQUERRE = Gnomon movible.
  FAUSSE-QUILLE = Zapata.
  FAUSSE-ITAGUE = Boza de ustaga.

FAUX-BAUX ou BAUX DU FAUX-PONT = Baos vacios,
  Baos en el ayre, Baos del sollaro.
  FAUX-BRAS = Contrabrazos.
  FAUX-CÔTÉ = Falsa banda.
  FAUX-ÉTAI = Contraestay.
  FAUX-FEUX = Fuegos falsos.
  FAUX-HAUBANS, HAUBANS DE FORTUNE = Obenques
  volantes.
  FAUX-MANTELETS ou FAUX-SABORDS = Arandelas de
  la artillería, Gualdrines.
  FAUX-MARTINET = Boza del burro ó de la cangreja.
  FAUX-PALANS DE RETENUE = Burdas falsas.
  FAUX-PONT = Enterimado, Sollado.

Faux-sabords *ou* faux-mantelets = Arandelas de la artillería, Gualdrines.

FELOUQUE = Falua, Faluca.

FEMELOTS de gouvernail = Hembras del timon.

FER = Hierro.

Fer carré = Hierro quadrado.

Fer plat = Hierro en plancha ó Tiradera planchuela.

Fer rond = Hierro redondo.

Fer a calfat *ou* de calfat = Hierro de meter estopa.

Fer de calfat double *ou* cannelé = Hierro de sentar.

Fer de gaffe = Hierro de bichero.

Fer de girouette = Hierro de grimpolon.

Fers *ou* barre de prisonniers avec des anneaux *ou* bloc de bois *entaillé pour contenir, par les jambes, les hommes qu'on veut punir* = El cepo, Los grillos.

FERLAGE, rabans de ferlage = Tomadores.

FERLER les voiles = Aferrar ó Ferrar las velas.

FERMER un port, *en interdire l'entrée* = Cerrar un puerto.

Fermer les sabords = Cerrar portería.

Fermer des marques de reconnoissance, les mettre l'une par l'autre = Enfilar una marcacion con otra.

FERRURE = Herrage.

Ferrure d'affut = Herrage de cureña.

Ferrure de cabestan = Herrage de cabrestante.

Ferrures de gouvernail = Machos y hembras para el timon.

Ferrures d'un vaisseau = Herrage del navío.

FESSES d'un batiment = Las cogenadas.

FEU, commencer le feu = Romper el fuego.

Cesser le feu = Cesar el fuego.

Faire feu = Dar fuego.

Feu! = Fuego!

Feu babord! = Fuego babor!

Feu tribord! = Fuego estribor!

Feu vif = Fuego vivo.

Feu *ou* phare = Fanal.

Feu de hune = Farol de gavia.

Feu de poupe = Farol de popa.

Conserver, cacher, éteindre les feux = Conservar, Ocultar, Apagar los fuegos.

Feu St.-Elme, feu follet = Fuego de San Telmo.

Feu sur la côte = Señal de fuego sobre la costa.

Feu, donner le feu a la carène = Dar fuego, Dar brusca.

Feux d'artifice = Fuegos de artificio.

FEUILLE, *état des objets à la charge d'un maître à bord d'un bâtiment de guerre* = Pliego de cargo.

Feuille du maître d'équipage = Pliego de cargo del contramaestre.

Feuille bretonne *ou* faux-pont = Cerreta sobre el sollado.

Feuilles de cuivre pour doublage = Planchas de cobre para forro.

FEUILLETTE, *terme de corderie* = Onda de gamba.

FICHES *ou* chevilles a fiches = Pernos harponados.

Anneaux a fiches = Pernos harponados con argollas.

Clous a fiches *ou* barbés = Clavos harponados.

FIGURE de la poulaine d'un navire = Figura ó Figuron de proa.

FIL = Hilo.

Fil blanc = Hilo blanco.

Fɪʟ ᴅᴇ ᴄᴀʀᴇᴛ = Filástica.

Vɪᴇᴜx ғɪʟ ᴅᴇ ᴄᴀʀᴇᴛ = Filástica descolchada.

Fɪʟ ᴀ ɢᴀʀɢᴏᴜssᴇs = Hilo de cartuchos.

Fɪʟ ᴀ ʀᴀʟɪɴɢᴜᴇ = Filástica por las relingas.

Fɪʟ ᴀ ᴠᴏɪʟᴇ = Hilo de vela.

Fɪʟ ᴀ ᴠᴏɪʟᴇ ɢᴏᴜᴅʀᴏɴɴᴇ́ = Hilo de vela alquitranado.

FILARETS ᴅᴇ ʙᴀsᴛɪɴɢᴀɢᴇ *ou* ʟɪssᴇs ᴅᴇ ʙᴀsᴛɪɴɢᴀɢᴇ = Batallolas.

FILE *ou* ᴠɪʀᴜʀᴇ ᴅᴇ ʙᴏʀᴅᴀɢᴇs = Hilada.

FILER, ᴍᴏʟʟɪʀ, ᴀғғᴀʟᴇʀ, ᴀᴍᴇɴᴇʀ, ᴀʀʀɪsᴇʀ = Arriar.

Fɪʟᴇʀ ᴜɴᴇ ᴀᴍᴀʀʀᴇ = Arriar una amarra.

Fɪʟᴇʀ ʟᴀ ʙᴏᴜʟɪɴᴇ = Largar la bolina de golpe.

Fɪʟᴇʀ ᴅᴜ ᴄᴀʙʟᴇ, ғɪʟᴇʀ sᴜʀ ʟ'ᴀɴᴄʀᴇ = Arriar cable ó Arriar mas cable.

Fɪʟᴇʀ ᴜɴ ᴘᴇᴜ ᴅᴇ ᴄᴀʙʟᴇ = Arriar un poco, Dar un salto.

Fɪʟᴇʀ ʟᴇ ᴄᴀʙʟᴇ ᴘᴀʀ ʟᴇ ʙᴏᴜᴛ = Largar el cable por mano.

Fɪʟᴇʀ ʟᴇs ᴇ́ᴄᴏᴜᴛᴇs ᴅᴇs ᴠᴏɪʟᴇs ᴅ'ᴀᴠᴀɴᴛ = Arriar las escotas de las velas de proa para orzar.

Fɪʟᴇʀ ᴛᴏᴜᴛᴇ ʟ'ᴇ́ᴄᴏᴜᴛᴇ = Largar la escota por la mano.

Fɪʟᴇʀ ᴜɴᴇ ᴍᴀɴœᴜᴠʀᴇ = Arriar un cabo.

Fɪʟᴇʀ ᴅᴜ ᴄʜᴀɴᴠʀᴇ = Hilar cáñamo.

Fɪʟᴇʀ ʟ'ᴇ́ᴛᴏᴜᴘᴇ = Hilar la estopa.

Fɪʟᴇʀ sɪx ɴœᴜᴅs = Andar seis millas.

FILET ᴅᴇ ʙᴇᴀᴜᴘʀᴇ́ = Chinchorro del hauprés.

Fɪʟᴇᴛs ᴅ'ᴀʙᴏʀᴅᴀɢᴇ = Redes de abordage.

Fɪʟᴇᴛs ᴅᴇs ʙᴀsᴛɪɴɢᴀɢᴇs ᴅᴇs ᴘᴀssᴀᴠᴀɴᴛs = Redes de los pasamanos.

FILEUR = Hilador.

FILIN *ou* ᴄᴏʀᴅᴀɢᴇ = Xarcia.

FILIN GOUDRONNÉ = Xarcia alquitranada.

FILIN DE PREMIER BRIN = Xarcia de primera suerte.

FILIN DE RECHANGE = Xarcia de respeto.

FRANC-FILIN, CORDAGE BLANC = Xarcia blanca.

FIN, BATIMENT FIN, QUI A LES FONDS FINS = Barco fino.

FIN VOILIER, BATIMENT BON VOILIER = Barco velero.

FIN DU FLOT *ou* FLUX = Fin de la marea.

FLAMBER, SIGNALER SON MÉCONTENTEMENT = Dar gallardetazo.

FLAMME POUR METTRE AU HAUT D'UN MAT = Gallardete, Flámula.

BATON DE FLAMME = Asta de gallardete.

DRISSE DE FLAMME = Driza de gallardete.

FLANCS, LES FLANCS D'UN VAISSEAU = Los flancos de un navío.

FLASQUES D'UN AFFUT = Gualderas de la cureña.

FLASQUES DU CABESTAN = Guardinfantes del cabrestante.

FLASQUES DE CARLINGUE = Malletes ó Travesaños de carlinga.

FLASQUES DE BEAUPRÉ = Entremiches del bauprés.

FLASQUES DE MATS *ou* JOTTEREAUX DE MATS = Cacholas de palos.

FLASQUES D'UN VIREVAUT *ou* D'UN GUINDEAU = Ochavas de un molinete.

FLÈCHE, *instrument ancien pour prendre hauteur* = Balestrilla.

FLÉCHE D'UN MAT = Espiga ó Asta de un mastelero.

FLEUR, A FLEUR D'EAU = A la lumbre del agua.

COUP DE CANON A FLEUR D'EAU = Cañonazo á la lumbre del agua.

Récifs, brisans a fleur d'eau = Arrecife á la lumbre del agua.

Fleurs du vaisseau *ou* têtes de varangues = Cantos del pantoque.

FLIBOT, batiment hollandais =Flibote, Urca, barco holandés.

FLIBUSTIERS *ou* aventuriers = Corsarios ó Piratas.

FLOT *ou* flux = Fluxo de la mar.
Il y a flot = El mar monta ó repunta.
A flot = A flote.
Être a flot = Estar á flote.
Mettre un vaisseau a flot = Poner un navío á flote.
Radouber un batiment a flot = Componer un barco á flote.
Soutenir un batiment a flot avec des pontons = Amadrinar un barco.
Les flots *ou* lames = Las olas del mar.

FLOTTAISON, bordages de la flottaison = Cosederos.
Ligne de flottaison = Línea del agua, Lumbre del agua.

FLOTTE marchande = Flota.
Flotte de guerre = Armada.
Flottes d'un cable = Las balizas de un cable.

FLOTTER = Flotar.
Être a flot = Estar á flote.
Flotter un cable = Abalizar un cable.

FLOTTILLE de guerre = Esquadra sutil, Fuerzas sutiles.

FLUTE, gabarre = Urca.

Être armé en flute = Estar de urca.

FLUX et reflux = Fluxo y refluxo.

FOC = Foque.

Grand foc = Foque mayor , Foque de caza.

Petit foc *ou* trinquette = Trinquetilla ó Vela de estay de trinquete.

Faux-foc *ou* second foc = Segundo foque , Contra-foque.

Foc d'artimon *ou* voile d'étai d'artimon = Foque de mesana.

Clin foc = Foque volante.

Baton de foc (*véase* baton).

FOENE = Harpon , Fisga.

FOIBLE , batiment foible en bois = Barco sencillo de costado.

FOND = Fondo.

Fond de la mer = Fondo del mar.

Fond d'aiguilles = Fondo de conchas ó puntiagudas.

Fond de cailloutage = Fondo de guijarros ó pedernales.

Fond de coquilles pourries = Fondo cascajo ó cascarilla.

Fond de gravier = Fondo de riscos.

Fond de roches aigues = Fondo riscajo.

Fond de sable = Fondo de arena.

Fond de sable mouvant = Fondo de arena movediza.

Fond vasard *ou* fond de vase = Fondo de fango.

Fond de bonne tenue, bon fond = Fondo tenidero.

Fond de mauvaise tenue, fond mou = Fondo blando.

IL Y A FOND = Hay fondo.

IL N'Y A PAS DE FOND = No hay fondo.

IL Y A *N* BRASSES DE FOND = Hay *N* brazas de fondo.

BAS FOND = Laxa.

HAUT FOND = Alto fondo.

COULER A FOND, PÉRIR = Irse á pique.

COULER A FOND UN BATIMENT, LE FAIRE PÉRIR = Echar á pique un barco.

FOND D'UNE VOILE, LA TOILE QUI RESTE LORSQUE LA VOILE EST DÉJA FERLÉE TRIBORD ET BABORD = El seno de la vela.

RALINGUE DE FOND = Relinga del pujámen.

FONDS D'UN BATIMENT = Los fondos de un barco.

PETIT FONDS D'UN BATIMENT = Pantoque.

FOND PLEIN DE MOUSSE, UN VAISSEAU VERD = Verdin de un navío.

FONDRIER, BOIS FONDRIER = Madera que no flota.

FORAIN, VIDE ENTRE DES BARRIQUES ARRIMÉES = Hueco.

FORAINE, RADE FORAINE, BAIE OUVERTE = Ensenada, Erradura.

FORBAN = Pirata.

FORÇAT, GALÉRIEN = Forzado, Galeote.

FORCER UN MAT = Rendir un palo.

FORCER DE RAMES = Halar por los remos.

FORCER DE VOILES = Forzar de velas, Hacer toda fuerza de velas.

FORCES NAVALES = Fuerzas navales.

FORME *ou* BASSIN POUR CONSTRUIRE DES VAISSEAUX = Dique.

FORMER LA LIGNE DE BATAILLE = Formar línea de combate.

FORT d'un vaisseau, la ligne des côtés d'un vaisseau qui fait le plus d'efforts avant de se submerger = Escora del buque.

Ne pas dépasser le fort en inclinant = Escorar.

Fort de côté, batiment qui est fort d'échantillon = Barco reforzado de costado.

FORTUNE, voile de fortune *ou* quarrée des chebecs *ou* galères, treu = Treo, Vela de fortuna.

Fortune de mer = Acasos de la mar.

FOSSE, lieu ou l'on met de la mature = Fosa para arboladura.

Fosse aux cables = Sollado de los cables, Pañol de los cables.

Fosse aux lions = Pañol del contramaestre, Pañol de proa.

FOUET d'un palan = Rabiza.

Palan a fouet = Moton de rabiza.

Fouet, ce qui sert a fouetter = Azote de cabos.

FOUETTER un palan = Coser un aparejo *ó* un moton de rabiza.

Les voiles fouettent le mat = Las velas dan guardapasos, Las velas dan socolladas.

FOUGUE, perroquet de fougue = Sobremesana.

Mat de perroquet de fougue = Mastelero de sobremesana.

Vergue de perroquet de fougue = Verga de sobremesana.

FOUR = Horno.

FOURCAT d'ouverture, la plus basse des barres d'arcasse = Cochinata.

Fourcats, pièces de bois fourchues a l'extrémité

DE LA QUILLE, VERS L'ARRIÈRE ET VERS L'AVANT = Horquillas, Piques capuchinos.

FOURCHES POUR CARÉNER = Horquillas.

FOURRER = Forrar.

FOURRER LES CABLES AVEC DE VIEUX CORDAGES, VIEILLE TOILE, BADERNES ET SANGLES *ou* TRESSES = Forrar los cables con cabos viejos, capa, baderna y cageta.

FOURRER LES ITAGUES = Forrar ustagas.

FOURRURE, GARNITURE QUELCONQUE = Forro.

FOURRURE EN BOIS, ROMAILLET A DEMI-BOIS = Forro sobresano, Rumbo sobresano.

FOURRURE DES CABLES = Forro de los cables.

FOURRURES D'ÉCUBIERS, COUSSINS D'ÉCUBIERS = Tacos baxo los escobenes.

FOURRURE DE GOUTIÈRE = Sobredurmiente de los baos.

FOURRURE DE POMPE = Forro de la bomba.

FOURRURE EN VIEUX CORDAGE = Baderna.

FOURRURE, VIEILLE TOILE A VOILE = Lona vieja.

FRAICHEUR, VENT FOIBLE *ou* BRISE FOLLE = Ventolina.

FRAICHIR, *en parlant du vent* = Refrescar.

LE VENT FRAICHIT = El viento refresca, El viento va refrescando.

FRAIS, VENT FRAIS = Viento fresco.

BON FRAIS, JOLI FRAIS = Viento bonancible.

GRAND FRAIS = Frescachon, Viento cascaron.

PETIT FRAIS, PETITE BRISE = Viento fresquito *ó* calmoso.

FRAIS DE CHARGEMENT = Gastos de carga *ó* cargamento.

FRAIS DE NAVIGATION = Gastos de navegacion.

FRANC-BORD, les bordages du franc-bord = La tablazon.

Franc-filin = Xarcia blanca.

Vent franc = Viento franco.

FRANCHIR, se mettre a flot = Ponerse á flote.

Franchir la lame = Surgir.

Le bateau franchit la lame = Surge el bote.

Franchir a la pompe = Achicar el agua.

Franchir une roche = Montar una piedra.

FRAPPER une cheville, l'enfoncer = Meter un perno.

Frapper un bout de corde sur un autre = Dar vuelta de boza.

Frapper une poulie = Coser un moton.

FRÉGATE = Fragata.

Nota. Les Espagnols nomment *fragata* tout bâtiment à trois mâts ; ils distinguent *fragata de guerra*, *fragata de comercio*.

Frégate de guerre = Fragata de guerra.

Frégate marchande. = Fragata de comercio.

FRÊT *ou* nolis = Flete.

Aller a frêt = Ir á flete.

Prendre a frêt = Tomar á flete.

FRÉTEMENT *ou* affrétement = Fletamiento.

FRÉTER un batiment = Fletar un barco.

Batiment frété = Barco fletado.

FRISE, grosse étoffe de laine = Pañete.

Frise pour les sabords = Paño por las portas.

Frise des jottereaux = Moldura entre las curvas bandas.

FRISER, garnir de frise = Frisar.

Friser les sabords = Frisar la porteria.

FRONT, LIGNE DE FRONT = Línea de frente.

    ORDRE DE FRONT = Orden de frente.

FRONTEAU = Propao.

    FRONTEAU DE LA DUNETTE = Mámparo de la toldilla.

    FRONTEAU DU GAILLARD D'ARRIÈRE = Mámparo del alcázar.

    FRONTEAU ARRIÈRE DU GAILLARD D'AVANT = Mámparo á la subida del castillo de proa.

    FRONTEAU AVANT DU GAILLARD D'AVANT *ou* FRONTEAU D'AVANT = Mámparo al principio del castillo de proa.

FUIR LA LAME A CAUSE DU MAUVAIS TEMPS = Correr, Huir de las mares.

FUNIN, FRANC-FUNIN, CORDAGE BLANC = Xarcia blanca.

FUSÉE *ou* MÈCHE DU CABESTAN = Madre del cabrestante.

    FUSÉE DE LA BOMBE = Espoleta.

    FUSÉE DE L'ESSIEU D'UN AFFUT = Pezon del exe de una cureña.

    FUSÉE D'ARTIFICE = Cohete.

    FUSÉE A ÉTOILES = Cohete de lágrimas.

FUSIL, ARME A FEU = Fusil, Escopeta.

FUT *ou* BOIS DE GIROUETTE = Armazon de grimpolon.

FUTAILLE = Pipa.

    TOUTES LES FUTAILLES NÉCESSAIRES POUR L'ARMEMENT D'UN BATIMENT = La pipería de un barco.

GAB

GABARE = Urca.

GABARER *ou* GOUDILLER = Cingar.

GABARIAGE DES COUPLES = Gruas y Galibos de las ligazones.

GABARIER une pièce de bois = Galibar ó Agalibar madera, Trabajar á la línea y á la grua.

GABARIT, *modèle en planche d'une pièce de membrure ou de toute autre pièce* = Plantilla, Brusca.

> **GABARIT**, *proportions suivant lesquelles une pièce est travaillée* = Gruas ó Galibos, Líneas.
>
> **GABARIT DE GOUVERNAIL** = Galibo del timon.

GABIE, hune de galère = Gavia.

GABIER = Gaviero.

> **GABIER DE GRANDE HUNÉ** = Gaviero de cofa mayor.
>
> **GABIER DE MISAINE** = Gaviero de trinquete.

GABORD = Paradura.

GAFFE, fer de gaffe = Bichero, Botador.

> **MANCHE DE GAFFE** = Asta de bichero.

GAGES de marin = Paga, Sueldo.

GAGNER un batiment, le joindre = Entrar á un barco.

> **GAGNER LE MOUILLAGE** = Ir á tomar fondadero, Ir á tomar puerto.
>
> **GAGNER LE VENT, AU VENT, LE DESSUS DU VENT SUR UN VAISSEAU** = Grangear ó Ganar el barlovento.
>
> **GAGNER DANS LE VENT** = Salir á barlovento.

GAILLARD d'arrière = Alcázar.

> **GAILLARD D'AVANT** = Castillo de proa.

GAINE *ou* guindant d'un pavillon = Vaina de una bandera.

> **GAINE** *ou* patte sur une ralingue = Garrucho.

GALÉASSE, espèce de grosse galère = Galeaza, especie de galera gruesa.

GALÈRE = Galera.

GALERIE DU FOND DE CALE, GALERIE DU FAUX-PONT,
　　GALERIE DE COMBAT = Callejon de combate.
　GALERIE DE POUPE = Galeria de popa.
　FAUSSE-GALERIE = Jardin fingido.

GALÉRIEN, FORÇAT = Galeote, Forzado.

GALETTE, BISCUIT = Galeta.

GALGALE, MASTIC = Zulaque, Masilla.

GALHAUBAN = Brandal, Burda.
　GALHAUBANS DU GRAND HUNIER = Brandales de gavia.
　GALHAUBANS DU PETIT HUNIER = Brandales de ve-
　　lacho.
　GALHAUBANS DU GRAND PERROQUET = Burdas del
　　juanete mayor.
　GALHAUBANS DU PETIT PERROQUET = Burdas del jua-
　　nete de proa.
　GALHAUBANS DE PERROQUET DE FOUGUE = Burdas de
　　sobremesana.
　GALHAUBANS VOLANTS = Burdas volantes ó Brandales
　　volantes.

GALION = Galeon.

GALIOTE A BOMBES = Barco bombardero, Bombarda.
　GALIOTE HOLLANDAISE = Galeota holandesa.
　GALIOTE D'ÉCOUTILLE = Galeota de escotilla.

GALOCHE, MAIN DE FER = Castañuela de hierro.
　GALOCHE DE BOIS = Castañuela de palo.
　GALOCHE, POULIE COUPÉE = Pasteca.
　GALOCHE DANS LA MURAILLE D'UN BATIMENT = Ga-
　　lápago, Pasteca de firme.

GAMBES DE HUNE, HAUBANS DE REVERS = Arraygadas.

GAMELLE DE L'ÉTAT-MAJOR D'UN BATIMENT DE
　　GUERRE = Mesa de la plana mayor.

GAMELLE D'UN PLAT DE MATELOTS = Plato de un rancho de marineros.

CHEF DE GAMELLE = Ranchero.

GANCE *ou* ŒIL D'UN ÉTAI = Manilla de un estay.

GANCE FAITE SUR LE BOUT D'UN GRELIN *ou* DE TOUT AUTRE CORDAGE *ou* D'UN ÉTAI = Gaza.

GARANT D'UN PALAN = Beta de un aparejo.

GARANT DE CALIORNE = Beta del aparejo real.

GARANT DE CANDELETTE = Beta de estrellera.

GARANT DE CAPON = Beta de gata.

GARCETTE, FOUET = Baderna, Mogel.

GARCETTES DE BONNETTES = Badazas.

GARCETTES DE RIS = Rizos.

GARCETTES DE TOURNEVIRE = Mogeles.

GARÇON DE BORD = Grumete.

GARÇON D'UNE GAMELLE = Page del rancho.

GARDE, OFFICIER DE GARDE = Oficial de guardia.

GARDE-CORPS, *cordage pour se soutenir dans les mauvais temps* = Andaribel.

GARDE-CORPS *ou* SAUVE-GARDE DU BEAUPRÉ = Guardamancebo del bauprés.

GARDE-COTE = Guardacosta.

GARDE-FEU = Guardacartucho.

GARDE-MAGASIN = Guarda-almacen.

GARDE-MARINE = Guardia marina.

GARDE-TEMPS *ou* MONTRE MARINE = Cronómetro ó Relox de longitud.

GARDIEN = Guardian.

GARDIEN DE LA CALE = Bodeguero.

GARDIEN DE LA FOSSE AUX LIONS = Pañolero del contramaestre.

GARDIEN DE LA SAINTE-BARBE = Pañolero de la Santa Bárbara.

GARDIEN D'UNE SOUTE = Pañolero.

GARGOUSSE = Cartucho.

FORME A GARGOUSSES = Forma para hacer cartuchos.

GARNIR, FOURRER = Forrar.

GARNIR EN LIMANDE AVEC DE LA FOURRURE = Precintar.

GARNIR LE CABESTAN = Guarnecer ó Vestir el cabrestante.

GARNIR UN MAT = Guarnecer ó Vestir un palo.

GARNIR LA TOURNEVIRE AU CABESTAN = Guarnecer el virador de cubierta al cabrestante.

GARNIR ou FAIRE LES POMMES D'UNE TOURNEVIRE = Poner los barriletes al virador de cubierta.

GARNIR UNE VERGUE = Guarnecer ó Vestir una verga.

GARNITURE DE LA BOUÉE = Guarnicion de la boya.

GARNITURE DE POMPE = Guarnicion de la bomba.

GARNITURE D'UN VAISSEAU = Aparejo ó Xarcia de un navío.

ATELIER DE LA GARNITURE ou MAGASIN DE LA GARNITURE = Recorrida.

GATTE = Caxa de agua.

GATTON, *ustensile de cordier* = Palo de gamba.

GAULE D'ENSEIGNE, BATON DE PAVILLON = Asta de bandera.

GAULE ou VERGE DE POMPE = Vara para bomba.

GÈNER LES PRÉCEINTES POUR LEUR DONNER LA TONTURE DES PONTS = Meter las cintas segun el arrufo de las cubiertas.

GÉNÉRAL D'UNE ARMÉE NAVALE = Almirante.

GENOPE, BRIDURE, COMMANDE = Barbeta.

GENOPER

GENOPER , BRIDER = Abarbetar.

GENOU D'UN COUPLE , GENOU D'UNE VARANGUE =
   Genol de una varenga.

   GENOU *ou* MANCHE D'UN AVIRON = Guion de un remo.

   GENOUX ET ALONGES DE PORQUES = Ligazones del
   sobreplan.

   GENOUX DES FOURCATS = Estemenaras de los piques.

GENS DE MER = Gente de mar.

   GENS DU QUART = Gente de la guardia.

GIROUETTE = Grimpolon , Cataviento.

   FUT DE GIROUETTE = Armazon de grimpolon.

   VERGE *ou* FER DE GIROUETTE , BATON DE GIROUETTE
   = Hierro del grimpolon.

GISEMENT (*véase* GÎT).

GIT, LA CÔTE GÎT A TEL AIRE DE VENT = La costa corre
   á tal rumbo.

   LA ROCHE GÎT A TEL AIRE DE VENT = La piedra
   está á tal rumbo.

GLACE = Hielo.

   BANC DE GLACE = Banco de hielo.

GLÈNE DE CORDAGE = Adujas de cabo, Paquete de
   cabo.

GLENER , RABRAQUER , PLIER UNE PIÈCE DE CORDAGE =
   Coger cabo.

   GLENER A LA HOLLANDAISE = Coger cabo á la holandesa.

GOELETTE = Goeleta.

GOEMON (*véase* GOUESMON).

GOLFE = Golfo.

GONDOLE = Gondola.

GORET, GROS BALAI AVEC UN LONG MANCHE = Escobon.

GORETER, NÉTOYER AVEC DES GORETS = Limpiar con escobones.

GORGÈRE *ou* TAILLE-MER, GUIBRE, ÉPERON = Tajamar.
TAQUET DE GORGÈRE = Roda del branque ó Gorja.

GOUDILLER, GABARER = Cingar.

GOUDRON = Alquitran.

GOUDRONNER = Alquitranar.
FILIN GOUDRONNÉ = Xarcia alquitranada.

GOUESMON, VARECH = Sargaso.

GOUGE, OUTIL = Gubia.

GOUJÉE, POMME GOUJÉE, CONDUIT D'UNE MANŒUVRE, MARGOUILLET = Vertello de canal.

GOUJON, CHEVILLE DE FER = Perno.

GOUJONNER, CHEVILLER = Empernar.

GOUJURE D'UNE POULIE = Canal de un moton.

GOULET D'UNE RADE = Garganta.

GOUPILLE = Chaveta.
CHEVILLE A GOUPILLE = Perno de chaveta.

GOURNABLE, CHEVILLE EN BOIS = Cabilla ó Cabillon.

GOURNABLER UN VAISSEAU = Encabillar ó Clavar con cabillas.

GOUTIÈRE = Trancanil.
GOUTIÈRE RENVERSÉE SOUS LA DUNETTE = Durmiente de los baos de la toldilla.
FOURRURE DE GOUTIÈRE = Sobredurmiente de los baos.

GOUVERNAIL = Timon.
BARRE DU GOUVERNAIL = Caña del timon.
BRAGUE DU GOUVERNAIL = Braguero ó Boza del timon.

Doublage du gouvernail = Forro del timon.

Drosse de gouvernail = Galdrope, Guardin.

Eguillots du gouvernail = Machos del timon.

Fémelots de gouvernail = Hembras del timon.

Ferrures de gouvernail = Machos y hembras del timon.

Herse de gouvernail = Estrobo del timon.

Mèche du gouvernail = Madre del timon.

Mortaise du gouvernail = Mortaja del timon.

Roue du gouvernail = Rueda del timon.

Safran du gouvernail = Azafran del timon.

Sauve-garde du gouvernail = Guardatimon.

Tète de gouvernail = Cabeza del timon.

Le gouvernail touche = El timon toca.

Commander au gouvernail *ou* au timon = Mandar al timonel.

Un homme au gouvernail ! = Un hombre á la caña !

Monter le gouvernail = Meter el timon, Calar el timon.

Démonter le gouvernail = Desmontar *ó* Quitar el timon.

Gouvernail *ou* guide de drisse de hune = Raca de driza.

GOUVERNER, sentir sa barre, *en parlant d'un bâtiment* = Obedecer al timon, Hacer con el timon.

Batiment qui gouverne bien = Barco que obedece al timon.

Batiment qui gouverne mal = Barco que no obedece al timon.

Gouverner a la lame = Gobernar con respeto á la mar.

Gouverner sur l'ancre = Gobernar sobre el áncla.

Gouverner sur la terre = Gobernar sobre la tierra.

Gouverner a tel air de vent = Gobernar á tal rumbo de viento.

Gouverne où tu as le cap! = Gobierna adonde tu tienes la proa!

GRAIN de vent *ou* de pluie = Chubasco ó Ráfaga.

Amener pour le grain = Arriar por el chubasco.

Grain d'orage, grain orageux = Turbonada de viento acompañada con relámpagos y truenos.

Grain pesant = Turbonada fuerte.

Grain d'orge = Cuña.

GRAISSER les mats et manœuvres = Untar con grasa.

GRAND mat = Palo mayor.

Grand mat de hune = Mastelero de gavia.

Grand mat de perroquet = Mastelero de juanete mayor.

GRAPIN = Arpeo.

Grapin d'abordage = Arpeo de abordar.

Petit grapin d'abordage a jeter a la main = Arpeo de mano.

Grapin pour chaloupe = Rezon.

Grapin tranchant de bout de vergue = Arpeo para cortar el aparejo del enemigo.

GRAS, oint = Grasa, Manteca de puerco.

GRATTE, racle = Rasqueta.

Gratte double, racle double = Rasqueta con dobles filos ó bocas.

Gratte *ou* racle en triangle = Rasqueta con tres filos.

GRATTER, racler = Rascar.

Gratter le pont = Rascar la cubierta

Gratter et laver le vaisseau = Rascar y lavar el navío.

GRÉEMENT *ou* GARNITURE D'UN VAISSEAU = Aparejo, Cabullería, Aparejo pendiente.

GRÉER UN VAISSEAU, UN MAT, etc. = Aparejar un navío, un palo, etc.

GRELIN = Calabrote.

GRELIN DE N POUCES = Calabrote de N pulgadas.

GRENADE A MAIN = Granada de mano.

GRILLAGE POUR ÉCHOUER LES BATIMENS = Barrales.

GROS COUP DE VENT = Temporal.

GROSSE, PRÊTER DE L'ARGENT A LA GROSSE = Prestar dinero á la gruesa.

GROSSE MER = Mar gruesa, Mar de leva.

GROSSIR, LA MER GROSSIT = Entra la mar, La mar se va poniendo brava.

GRUE = Grua.

PETITE GRUE A TIRER DE L'EAU = Pequeña grua para tirar agua.

GUÉRITE DE HUNE, BORDAGE PERCÉ POUR LE PASSAGE DES LATTES DE HUNE = Cenefa de cofa.

GUETTEUR = Vigía.

GUEULE DE LOUP = Boca de lobo.

GUEUSE DE FER, SAUMON POUR LEST = Lingote de hierro.

GUI *ou* BOME = Botabarra.

GUI DU PALAN D'ÉTAI = Guia de la candaliza.
Nota. Tout *Gui* de cette espèce *Guia.*

GUIBRE, ÉPERON = Tajamar.

GUIDON *ou* CORNETTE = Corneta.

GUINDAGE = Guinda.

GUINDAGE D'UN MAT DE HUNE = Guinda de un mastelero.

GUINDANT *ou* GAINE D'UN PAVILLON = Vaina de una bandera.

GUINDANT D'UNE VOILE, CHUTE D'UNE VOILE = Caida de una vela.

GUINDEAU, VIREVAUT = Molinete.

GUINDER UN MAT DE HUNE = Guindar un mastelero.
GUINDER UN MAT DE PERROQUET = Guindar un mastelero de juanete.

GUINDERESSE D'UN MAT = Virador de un palo.

GUIPON, BROSSE, VATON, PINCEAU = Escopero.

GUIRLANDE EN CONSTRUCTION = Buzarda.
GUIRLANDE DE BEAUPRÉ = Buzarda del bauprés.
GUIRLANDE DES ÉCUBIERS = Buzarda de los escobenes.
GUIRLANDE EN GRÉEMENT POUR SOUTENIR UN CONGRÉAGE = Pecho de muerto.

HAL

HABITACLE = Bitácora.

HACHE = Hacha.
HACHE D'ARMES = Hachuela.
GRANDE HACHE, COIGNÉE = Hacha grande.
PETITE HACHE *ou* HACHE A MAIN = Hacha pequeña.

HALE-A-BORD, CORDAGE POUR ACCOSTER UNE EMBARCATION = Barloa.

HALE-BAS, CALE-BAS D'UNE VOILE = Cargadera.

HALE-BREU = Andaribel.

HALER = Halar, Cargar.
HALE LA CHALOUPE A BORD! = Hala la lancha á bordo!
HALER UN BATIMENT = Halar un barco.

HALER LA BOULINE = Halar bolina.

HALER LES CANONS EN DEDANS = Poner adentro los cañones.

HALER UN CORDAGE = Halar una xarcia.

HALER A LA CORDE = Sirgar, Halar por la sirga.

HALER MAIN SUR MAIN = Halar á la leva leva.

HALER, PESER SUR UNE MANŒUVRE = Cargar.

SE HALER AU VENT = Grangear el barlovento.

HAMAC DE MATELOT = Coy.

RABANS DU HAMAC = Bolinas del coy.

RELEVER LES HAMACS = Levantar los coyes.

METTRE LES HAMACS DANS LES FILETS DE BASTINGAGE DES PASSAVANTS = Echar las hamacas ó coyes en las redes de los pasamanos.

HAMAC A L'ANGLAISE = Hamaca.

CADRE EN BOIS POUR METTRE DANS LE HAMAC = Bastidor.

HAMEÇON = Anzuelo.

HANCHE DE VAISSEAU = Aleta de popa, Anca.

HARDES DES MATELOTS = Bagage de los marineros.

HARPON DE PÊCHE = Harpon.

HARPONNEUR = Harponero.

HAUBAN = Obenque.

LES GRANDS HAUBANS = Los obenques mayores.

LES HAUBANS DE MISAINE = Los obenques de trinquete.

LES HAUBANS D'ARTIMON = Los obenques de mesana.

LES HAUBANS DU GRAND HUNIER = Los obenques de gavia.

LES HAUBANS DU PETIT HUNIER = Los obenques de velacho.

LES HAUBANS DU GRAND PERROQUET = Los obenques del juanete mayor.

LES HAUBANS DU PETIT PERROQUET = Los obenques del juanete de proa.

LES HAUBANS DU PERROQUET DE FOUGUE = Los obenques de sobremesana.

LES HAUBANS DE LA PERRUCHE = Los obenques del periquito, Los obenquitos del periquito.

FAUX-HAUBANS, HAUBANS DE FORTUNE = Obenques volantes.

LES HAUBANS DE BEAUPRÉ = Los mostachos, Vientos ó Pataraes del bauprés.

LES HAUBANS DU BOUT-DEHORS DE BEAUPRÉ = Los vientos del botalon de foque.

LES HAUBANS DE MINOT *ou* PORTE-LOF = Los vientos de la servioleta ó Vientos del pescante de la amura.

LES HAUBANS DE REVERS *ou* GAMBES DE HUNE = Las arraygadas.

TOUS LES HAUBANS *en général* = La obenquería ó la obencadura.

TOUS LES HAUBANS DU BATIMENT SONT MAUVAIS = La obencadura del barco está mala.

CHAÎNES DE HAUBANS (*véase* CHAÎNES).

CHEVILLE DES CHAÎNES DE HAUBANS (*véase* CHEVILLE).

PORTE-HAUBANS (*véase* PORTE).

RIDER LES HAUBANS (*véase* RIDER).

RIDES DES HAUBANS (*véase* RIDES).

HAUSSIÈRE (*véase* AUSSIÈRE).

HAUT, EN HAUT TOUT LE MONDE! = Arriba! Arriba! ó Todo el mundo por arriba!

HAUT-BORD, CAPITAINE DE HAUT-BORD = Capitan de alto bordo.

VAISSEAU DE HAUT-BORD = Navío de alto bordo.

HAUT-FOND = Fondo alto.

HAUTE MATURE = Palos altos.

HAUTE MER, MARÉE HAUTE = Mar alta.

HAUTEUR DE L'ENTRE-PONT D'UN VAISSEAU = Puntal de la entrecubierta.

  HAUTEUR DE L'ÉTRAVE ET DE L'ÉTAMBOT = Altura de la roda ó del branque y del codaste.

  HAUTEUR DU SOLEIL = Altura del sol.

  ÊTRE A LA HAUTEUR D'UN CAP = Estar á la altura de un cabo.

  ÊTRE A LA HAUTEUR D'UNE ÎLE = Estar á la altura ó latitud de una isla.

  PRENDRE HAUTEUR = Tomar altura.

HAUTURIER, PILOTE HAUTURIER = Piloto de altura.

HAVRE, PORT = Puerto.

HÉLER UN BATIMENT = Llamar, Hablar á un barco con la bocina.

HERBES MARINES = Cracas.

HERMINETTE, *sorte de hache* = Suela.

  HERMINETTE COURBE = Hachada.

HERNIER *ou* BOIS D'ARAIGNÉE, BARAQUETTE, RATEAU DE POULIE = Telera.

HERPES DE BEAUPRÉ, HERPES D'ÉPERON = Perchas · Brazales de proa.

HERSE DE GOUVERNAIL = Estrobo del timon.

HERSEAU = Garrucho.

HEUSE DE POMPE = Guarnicion de bomba.

HILOIRE D'ÉCOUTILLE; *celle en long* = Eslora.

  HILOIRE D'ÉCOUTILLE; *celle en travers* = Brazola.

  HILOIRE RENVERSÉE = Cuerda.

  HILOIRES DU PONT = Cuerdas ó Esloras de la cubierta.

HISSER = Izar.

HISSER L'ANCRE EN HAUT, CAPONNER L'ANCRE = Izar el áncla á la serviola.

HISSER MAIN SUR MAIN = Izar mano sobre mano.

HISSER LE PAVILLON = Izar la bandera.

HISSER LES VERGUES = Izar vergas.

HISSER LES VOILES = Izar velas.

HIVERNAGE = Invierno.

HIVERNER = Pasar el invierno.

HOMMES DE MER = Hombres de mar.

HOPITAL, VAISSEAU HÔPITAL = Navío hospital.

HORIZON = Horizonte.

HORLOGE MARINE, MONTRE MARINE = Relox de longitud ó Cronómetro.

HORLOGE DE SABLE, AMPOULETTE = Ampolleta.

LAISSER DORMIR L'HORLOGE = Dexar parada la ampolleta.

HOUACHE ou HOUAICHE (véase OUAICHE).

HOUCRE = Ucaro.

HOULE = Mar sorda, Mar de pie, Marejada.

HOULEUSE, MER HOULEUSE = Mar de pie, Mar ampollada.

HOUPÉE, TANGAGE = Cabezada, Orſada.

HOURDI, LISSE DE HOURDI ou BARRE DE HOURDI = Yugo principal.

HOURQUE = Urca.

HUBLOT = Porta de luz.

HUNE = Cofa, Canasta, Gavia.

LA GRANDE HUNE = Cofa mayor.

La hune de misaine = Cofa de trinquete.

La hune d'artimon = Cofa de mesana.

HUNIER, grand hunier = Gavia.

Petit hunier = Velacho.

Huniers aux bas ris = Gavia y velacho con todas las andanas de rizos.

Huniers hissés en coche = Gavias arreclamadas.

Huniers guindés = Gavias izadas.

Huniers a mi-mat = Gavias arriadas á medio mastelero.

Huniers sur le ton = Gavias sobre el soco.

HYDROGRAPHIE = Hidrografía.

Cartes hydrographiques = Cartas hidrográficas.

INC

ILE = Isla.

Iles du vent = Islas de barlovento.

Iles sous le vent = Islas de sotavento.

ILOT = Islote.

IMPÉRIALE de cuisine = Imperial de cocina.

Impériale du four = Imperial del horno.

Impériale de tendelet = Imperial de toldo para bote.

IMPORTER = Introducir mercancías.

INCLINAISON de l'aiguille aimantée = Abatimiento de la aguja imanada.

INCLINER un mat = Inclinar un palo.

INGÉNIEUR constructeur de la marine = Constructor de navíos.

INCOMMODITÉ, détresse = Incomodidad.

Faire signal d'incommodité = Hacer una señal de incomodidad.

INSTRUCTIONS nautiques = Instrucciones náuticas.

INSTRUMENS nautiques = Instrumentos náuticos.

INTENDANCE de marine = Intendencia de marina.

INTENDANT ou ordonnateur de marine = Intendente de marina.

INTERLOPE, commerce interlope = Barco mercantil que comercia furtivamente adonde no debe.

INVALIDES de la marine = Inválidos de marina.

INVENTAIRE d'un batiment, *état de ce qu'il a* = Inventario de un barco.

ISLE (*véase* île).

ISTHME = Ismo.

ITAGUE = Ustaga.

 Itague de drisse de misaine = Ustaga de trinquete.
 Itague de drisse des huniers = Ustaga de gavia y velacho.
 Itague de drisse des perroquets = Ustaga de los juanetes.
 Fausse-itague = Boza de ustaga.
 Itagues des mantelets de sabords = Amantes de las portas.
 Itagues des palanquins de ris = Amantes de los palanquines de rizos.

JAR

Jaloux, canot jaloux = Bote zeloso.

JAMBE de chien, jambette *ou* montant de voute = Gambota.

JARDIN des bouteilles = Remate del jardin.

JAS D'UNE ANCRE = Cepo de un áncla.

JAUGEAGE, CAPACITÉ, PORT D'UN BATIMENT = Arqueo.

JAUGER = Arquear.

JAUGEUR = Arqueador.

JAUMIÈRE *ou* ÉTAMBRAI DU GOUVERNAIL = Limera del timon.

JET A LA MER = Echar ó Arrojar la carga al mar, Hacer echazon.

JETÉE, EN PIERRES *ou* EN BOIS = Muelle.

JETER A LA MER = Echar á la mar.

   JETER L'ANCRE, MOUILLER = Echar el áncla ó Dar fondo.

   JETER LES CANONS A LA MER = Echar la artillería ó los cañones al agua.

   JETER L'EAU DU CANOT = Echar el agua del bote.

   JETER LES GRAPINS D'ABORDAGE = Echar los arpeos de abordage.

   JETER LE LOCH = Echar la corredera.

   JETER LA SONDE = Echar el escandallo, Sondear.

   JETTE LA BOUÉE A L'EAU! = Echa la boya al agua!

   JETTE A L'EAU LA BOUÉE DE SAUVETAGE! = Echa al agua la guindola!

   SE JETER A LA CÔTE = Perderse á la costa.

JEU, PRENDRE DU JEU = Tomar juego.

   JEU DE VOILES = Juego de velas.

   TOUS LES JEUX DE VOILES D'UN BATIMENT = El velamen de un barco.

JONCTION DE DEUX ARMÉES = Union de dos armadas.

JONQUE CHINOISE = Junco chinesco.

JOTTEREAUX *ou* FLASQUES DES MATS = Cacholas.

JOTTEREAUX DE BEAUPRÉ, JOTTEREAUX D'ÉPERON = Curvas bandas.

JOUE D'UN BATIMENT, *la partie de la carène de l'avant qui bat la mer* = Batidero de proa.

JOUER, AVOIR DU JEU = Tener juego.

JOUET, *plaque de fer clouée sur la caisse d'une poulie pour garnir le trou de l'essieu* = Planchuela de hierro.

JOUR DE VIANDE = Dia de carne.

JOURS DE PLANCHE, STARIE, SÉJOUR = Estada.

JOURS DE PLANCHE EXTRAORDINAIRES = Dias de demora.

JOURNAL, CASERNET = Diario.

JOURNAL *ou* TABLE DE LOCH = Quaderno *ó* Quadernillo de bitácora.

JOURNALIER, LES VIVRES DU JOURNALIER = Los víveres de la diaria.

JUMELER UN BAU, UN MAT *ou* UNE VERGUE = Gimelgar, Empalmar un bao, un palo *ó* una verga.

JUMELER UN MAT CASSÉ = Amadrinar un palo, Hacer rueca.

JUMELLE = Gimelga.

LA PARTIE CONCAVE DE LA JUMELLE = Teja de la gimelga.

JUMELLES DE BAU = Gimelgas de bao.

JUMELLES A FORTIFIER LA CARLINGUE DU FOND DU VAISSEAU = Gimelgas de la carlinga *ó* de la sobrequilla.

JUMELLES DE RECHANGE = Gimelgas de respeto.

JUMELLES DE VERGUES = Gimelgas de vergas.

LES DEUX JUMELLES *qui, dans la construction espagnole, forment le ton d'un bas mât de vaisseau* = Gimelgas de cabeza.

JUSANT = La vaciante.

ÉTALE DU JUSANT = Parada de la vaciante.

KOF

KETCH, SORTE DE BATIMENT ANGLAIS = Ketch,
barco Inglés.

KOFF, SORTE DE BATIMENT DE CHARGE DE HOLLANDE
= Koff, barco Holandés que lleva dos palos.

LAI

LABOURER LE FOND, *en parlant d'une ancre* = Garrar
ó Garrear.

LACER UNE BONNETTE = Atar, Enlazar una boneta.

LACER UNE VOILE = Coser una vela.

LACHE, BATIMENT LACHE = Barco que no obedece al
timon.

LAGON, LAGUNE = Laguna.

LAGUIS, *espèce de nœud* = Vuelta de boza.

LAISSE, TERRE QUE LA MER DÉCOUVRE LORSQU'ELLE
BAISSE = Estero, Tierra que descubre á la vaciante.

LAISSER, ABANDONNER = Largar.

L'ANCRE LAISSE LE FOND = El áncla larga.

LAISSER ABATTRE, *en parlant d'un bâtiment* = Caer,
Abatir.

LAISSER ARRIVER, VENIR AU VENT = Orzar, Ceñir
el viento.

LAISSER DORMIR L'HORLOGE = Dexar parada la ampolleta.

LAISSER PORTER = Dar andar.

LAISSER TOMBER L'ANCRE, MOUILLER = Dar fondo.

LAISSER TOMBER UNE BASSE VOILE QUAND ON EST GRAND LARGUE = Descargar.

Nota. *Quand on est au plus près, on dit* Amurar.

LAMANEUR, PILOTE CÔTIER = Práctico de la costa.

LAME = Mar, Ola.
GROSSE LAME = Oleada.
LAME COURTE = Mar menuda, Mar corta.
LAME LONGUE = Mar larga.
LAME DE FOND = Mar de fondo.
LAME SOURDE, HOULE CREUSE = Mar de fondo *ó* Mar de pie.
LAME QUI PASSE PAR-DESSUS BORD, *embarquer un gros coup de mer* = Golpe de mar.

LANCER UN BATIMENT A L'EAU = Botar *ó* Echar un barco al agua.
LANCER D'UN BORD SUR L'AUTRE = Guiñar *ó* Hacer guiñadas.

LANDE DE HUNE (*véase* LATTE DE HUNE).

LANGUE DE TERRE = Lengua de tierra.

LANS D'UN BATIMENT = Guiñadas.

LARDER = Afelpar, Rellenar.
LARDER UN PAILLET = Afelpar *ó* Rellenar un pallete.
LARDER UNE VOILE = Afelpar *ó* Rellenar una vela.

LARGE, AU LARGE, VERS LE LARGE, VERS LA MER = Al largo, Afuera.
LE LARGE = El largo.
COURIR AU LARGE = Navegar á lo largo.
ÊTRE AU LARGE, EN PLEINE MER = Estar en alto mar.
POUSSER AU LARGE = Alargarse.

POUSSER H:

Pousser au large en poussant de fond = Botar fuera.

Prendre du large = Abrir el rumbo.

Prendre le large = Largarse.

LARGEUR totale d'un batiment, d'un bassin = Manga de un barco, de un dique.

LARGUE, cordage largue = Cuerda en banda.

Écoute largue = Escota en banda.

Largue en bande! = Larga en banda!

Largue le lof! = Larga la amura y la escota!

Courir largue = Navegar con viento largo.

Courir grand largue = Navegar á un desquartelar.

Vent largue = Viento largo, Viento abierto.

Vent grand largue = Viento á la quadra.

LARGUÉ, bordage qui a largué = Tabla aventada.

LARGUER, consentir = Largar.

Larguer une amarre = Largar una amarra.

Larguer en bande = Largar en banda.

Larguer une bosse = Largar une boza.

Larguer les boulines = Largar las bolinas.

Larguer un cable = Largar el cable.

Larguer les drisses = Largar las drizas.

Larguer les écoutes = Largar las escotas.

Larguer les lofs = Largar amura sobrebolina.

Larguer les ris = Largar los rizos.

Larguer les voiles = Largar las velas.

Larguer, *en parlant d'un bâtiment dont la membrure ou les bordages larguent* = Abrirse, Desguarnecerse.

Larguer, s'ouvrir, *en parlant des bordages* = Aventar, *hablando de las tablas*.

LAST ou laste, poids de deux tonneaux = Laste, peso de dos toneles.

LATINE, VOILE LATINE = Vela latina.

LATITUDE = Latitud.

LATITUDE D'ARRIVÉE = Latitud de arribada.
LATITUDE CORRIGÉE = Latitud corregida.
LATITUDE CROISSANTE = Latitud creciente.
LATITUDE DE DÉPART = Latitud de salida.
LATITUDE ESTIMÉE = Latitud estimada.
LATITUDE MOYENNE = Latitud media.
LATITUDE NORD ou SUD = Latitud Norte ó Sud.
LATITUDE OBSERVÉE = Latitud observada.

LATTE ENTRE LES BARROTS = Barrote ó Lata.

LATTE DE CAILLEBOTIS, PETITE LATTE POUR FAIRE DES CAILLEBOTIS = Barreta.

LATTE DE HUNE ou GUÉRITE DE HUNE = Cenefa de cofa.

LATTE DE HUNE POUR LES CAPS DE MOUTON = Vigota herrada de planchuela.

LATTES DE BOIS CLOUÉES SUR LES SABORDS DES PRÉLARTS QUI RECOUVRENT LES PANNEAUX DES ÉCOUTILLES = Latas de los encerados.

LAVER ou NÉTOYER LE CABLE = Lavar el cable, Limpiar el cable.

LAVER LE PONT = Valdear ó Baldear la cubierta.

LAVER UN VAISSEAU = Valdear ó Baldear un navío.

LAZARET = Lazareto.

LÈGE = Alijado.

BATIMENT LÈGE = Barco alijado.

LÈGE, ÊTRE SUR SON LEST = Estar en lastre.

ÊTRE TOUT LÈGE, N'AVOIR PAS MÊME DE LEST A BORD = Estar á plan barrido.

LEST = Lastre.

BON LEST = Buen lastre.

MAUVAIS LEST = Lastre de arena, Mal lastre.

GROS LEST = Lastre grueso.

PETIT LEST = Lastre pequeño.

VIEUX LEST = Lastre viejo.

LEST EN FER = Lastre de hierro.

LEST EN PIERRE = Lastre de piedra.

LEST LAVÉ = Lastre limpio.

LE LEST ROULE = El lastre se corre.

SÉPARER LE LEST PAR LES CLOISONS *ou* RETRAN-
CHEMENS = Separar el lastre con mámparos.

ALLER EN LEST *ou* SUR SON LEST = Ir á lastre.

BATIMENT SUR SON LEST = Barco en lastre.

PRENDRE SON LEST = Tomar el lastre.

LESTER UN VAISSEAU, PLACER LE LEST EN PIERRE
ou EN FER = Sujuncar ó Alastrar un navío.

LESTER AVEC DES MARCHANDISES = Cargar, Estivar.

LESTEUR = Estivador.

LETTRE DE MARQUE *ou* DE REPRÉSAILLES = Carta de
marca.

LETTRE DE MER = Pasaporte.

LETTRE DE PARTANCE = Carta de salida.

LETTRE DE SANTÉ, PATENTE DE SANTÉ = Fé de
sanidad.

LEVANT, EST = Levante ó Este.

VENT D'EST = Viento Levante.

LEVÉE, FAIRE UNE LEVÉE DE GENS DE MER = Hacer
leva de gente de mar.

HOMMES DE LEVÉE = Hombres de leva.

LEVÉE DE LA MER, GROSSE LAME = Oleada.

IL Y A DE LA LEVÉE = Hay oleada.

COUPLE DE LEVÉE = Quaderna.

LEVER L'ANCRE = Zarpar *ó* Levar el áncla.

    LEVER L'ANCRE AVEC LA CHALOUPE = Zarpar *ó* Levar el áncla con la lancha.

    LEVER LES RAMES = Alzar remos.

    LÈVE RAMES ! = Alza remos !

    LEVER LA CHASSE = Dexar la caza.

    LEVER LES LOFS = Largar amura sobrebolina.

LEVIER = Alzaprima.

LIAISONS = La union de las piezas.

LIEN DE FER, ÉTRIER = Abrazadera de hierro.

LIEUE = Legua.

    RÉDUIRE LES LIEUES MINEURES EN LIEUES MAJEURES = Reducir el grado menor al grado mayor.

LIEUTENANT DE VAISSEAU = Teniente de navío.

    LIEUTENANT DE TROUPES DE MARINE = Teniente de tropas de marina.

LIGNE = Línea.

    LIGNE DE BATAILLE *ou* DE COMBAT = Línea de combate.

    FORMER LA LIGNE = Formar la línea.

    COUPER LA LIGNE = Cortar la línea.

    DOUBLER LA LIGNE = Doblar la línea.

    ÉTENDRE LA LIGNE, OUVRIR LES DISTANCES = Alargar las distancias.

    SERRER LA LIGNE = Estrechar las distancias.

    LIGNE DU PLUS PRÈS BABORD = Línea de bolina de babor.

    LIGNE DU PLUS PRÈS TRIBORD = Línea de bolina de estribor.

    LIGNE D'EAU = Línea de agua.

    LIGNE D'EAU EN CHARGE = Línea de agua cargada.

Ligne de flottaison *ou* bordages de la flottaison = Cosederos.

Vaisseau de ligne = Navío de línea.

Ligne d'amarrage = Cabo para amarrar.

Ligne de loch = Corredera.

Ligne pour le loch, *faite en grelin* = Corredera acalabrotada.

Ligne de pêche armée de ses hameçons = Aparejo de pescar.

Ligne de baleine, *corde où est attaché le harpon dans la pêche des baleines* = Estacha.

Ligne de sonde = Sondaleza.

Ligne, quarantainier a six fils, *espèce de cordage* = Bayben.

Ligne goudronnée *ou* ligne noire = Bayben alquitranada.

Ligne loxodromique = Línea loxódrómica.

Lignes d'éperon *ou* de poulaine = Perchas ó Brazales de proa.

LIGNER une pièce de bois, *marquer les proportions qu'elle doit avoir* = Linear una pieza de madera.

LIMANDE de toile goudronnée = Precinta.

LINGUET = Linguete.

LISSE de batayolle, batayolle, lisse de bastingage, rambade = Batallola.

Lisse de bastingage volante = Batallola levadiza.

Lisse des couples = Fasquía.

Lisse d'hourdi = Yugo principal.

Lisse de porte-haubans = Guardacadena de las mesas de guarnicion.

Lisse de vibord = Galon de borda, Escaño.

Lisse des façons = Maestra del fondo.

Lisse du fort = Maestra de la manga.

Lisse de plat-bord = Maestra de la regala.

Lisses d'accastillage = Maestras del alcázar y castillo de proa.

Lisses intermédiaires = Maestras entre la maestra de manga y de fondo.

Lisses d'appui, lisses de garde-corps, lisses de fronteau = Barandas.

Lisses d'exécution, *bordages placés extérieurement et à faux-frais pour maintenir les couples de levée quand on monte un bâtiment* = Bagaras ó Vagaras.

Lisses de herpes = Perchas.

LIT de courant, ras de marée = Hilero de corriente.

Lit d'une rivière = Madre de un rio.

LIURES de beaupré = Trincas del bauprés.

Liures *ou* genoux d'un canot = Varengas de un bote.

LIVARDE = Chorro.

Voile a livarde = Vela de abanico.

LOCH, ligne de loch = Corredera.

Jeter le loch = Echar la corredera.

Bateau de loch = Barquilla.

Livre de loch = Quadernillo de la bitácora, Libro de la bitácora.

Tour pour loch = Carretel de la corredera.

LOF, le lof de la grande voile *ou* le grand lof = Mura de la mayor.

Lof de misaine = Mura de trinquete.

Largue le lof! = Larga la amura y la escota!

Lève *ou* largue le grand lof! = Larga mura de la mayor!

Lever les lofs = Largar amura sobrebolina.

Venir au lof = Orzar, Venir de loo.

Au lof! = Orza!

Virer lof pour lof = Virar por redondo.

LOFFER, venir au lof, venir au vent = Orzar, Ceñir el viento, Ir al viento, Venir de loo.

LOGEMENT, chambre a bord = Camarote.

Logement ou poste de l'équipage, *entre deux sabords* = Rancho.

Logement de l'équipage d'un batiment marchand = Rancho de la gente.

LONGIS *ou* ÉLONGIS, barres maîtresses de hune = Baos de cofa.

LONGITUDE = Longitud.

Longitude d'arrivée = Longitud de arribada.

Longitude de départ = Longitud de salida.

LONGUEUR d'un batiment de tête en tête = Eslora de un barco.

Longueur d'un cable, encablure = El largo ó el cumple de un cable.

Longueur de la quille portant sur terre = Largura de la quilla.

LOUGRE, *espèce de bâtiment* = Lugre, Balandra.

LOUP de mer = Marinero hecho al mar.

LOUVOYER = Bordear.

LOVER *ou* cueillir un cable, le plier en rond = Adujar un cable.

Lover, cueillir, plier une manœuvre = Adujar un cabo.

LOXODROMIE = Loxodromía.

LOXODROMIQUE, ligne loxodromique = Línea loxó-drómica.

LUMIÈRE D'UN CANON = Fogon de cañon.
> LUMIÈRE DE POMPE = Buraco de bomba.
>
> LUMIÈRES *ou* ANGUILLERS = Grueras de las varengas ó Desaguaderos.

LUSIN, MERLIN, ESPÈCE DE MENU CORDAGE = Piola.
> LUSIN BLANC = Pio'a blanca.
>
> LUSIN NOIR *ou* GOUDRONNÉ = Piola alquitranada.

MAI

MACHEMOURE = Mazamorra.

MACHINE A CREUSER *ou* A CURER UN PORT = Máquina para profundar un puerto.
> MACHINE A MATER *ou* MATURE = Arboladura, Máquina de arbolar.

MADRIER = Tablon grueso.

MAESTRAL, NORD-OUEST = Noroeste ó Norueste.

MAGASIN = Almacen.
> MAGASIN GÉNÉRAL = Almacen general.

MAILLE DANS LA MURAILLE D'UN VAISSEAU = Chaza en la murada de un navío.

MAILLET = Maceta.
> MAILLET DE CALFAT = Maceta de calafate.
>
> MAILLET A FOURRER = Maceta de aforrar.

MAILLON, COULER UN MAILLON = Echar una guia para pasar otro orinque.

MAIN, HALER MAIN SUR MAIN = Halar á la leva leva, Halar mano entre mano.
> MAIN-AVANT! *ou* MAIN SUR MAIN! = Mano entre mano!
>
> MAIN DE FER *ou* GALOCHE = Castañuela de hierro.

MAISTRANCE, CORPS DES MAÎTRES = Maestranza.

MAITRE = Maestre.

Maître d'un bateau = Patron de un barco.

Maître cable = Cable mayor, Cable de esperanza, Cable de forma.

Maître calfat = Maestre de calafates.

Maître canonnier = Condestable.

Maître charpentier = Maestro carpintero.

Maître commis, commis aux vivres = Maestre de víveres.

Maître d'équipage = Primer contramaestre.

Maître de vaisseau marchand, patron, capitaine = Maestre ó Capitan de un barco mercantil.

Maître valet = Despensero.

Maître voilier = Maestro velero.

Maître bau = Bao principal, Bao maestro.

Maître couple = Varenga maestra, Quaderna maestra.

Maîtresse ancre = Ancla de esperanza ó de forma.

Maîtresse varangue, varangue de fond = Varenga maestra.

MAJEURS, mats majeurs = Palos mayores.

Voiles majeures = Velas mayores, Papayos.

MAJOR, bureau major, majorité de l'escadre = Mayoría de la esquadra.

État-major d'un batiment de guerre = Plana mayor.

Chirurgien-major = Primer cirujano.

Officier-major, adjudant = Ayudante.

MAL de mer = Mareo.

Avoir le mal de mer = Marearse.

MALINE, grande marée = Agua viva, Marea grande, Aguage.

MANCHE d'un aviron = Guion de un remo.

Manche de cuir = Manguera de cuero.

MANCHE A EAU = Manguera de agua.

MANCHE DE POMPE = Manguera de bomba.

MANCHE DE TOILE = Manguera de lona.

MANCHE A VENT = Manguera de ventilacion.

MANCHE D'UN OUTIL = Cabo.

LA MANCHE, CANAL ENTRE LA FRANCE ET L'ANGLETERRE = Canal de la Mancha.

MANCHETTE = Binaterra.

MANGÉ, ÊTRE MANGÉ PAR LA MER, METTRE LE NEZ DANS LA LAME, TANGUER = Estar ahogado por la mar *ó* Estar cabeceando.

ÊTRE MANGÉ PAR LA TERRE, ÊTRE TOUT PRÈS DE TERRE = Estar aterrado.

MANGER DU SABLE = Robar arenilla.

MANIVELLE = Cigueñal.

MANIVELLE DE PIERRE A MEULE = Cigueñal de una piedra de amolar.

MANNE D'OSIER = Espuerta.

MANŒUVRE, ÉVOLUTION D'UNE ESCADRE = Evolucion.

MANŒUVRE PARTICULIÈRE D'UN BATIMENT = Maniobra.

MANŒUVRES, AGRÈS ET GARNITURE DU VAISSEAU = Aparejo del navío.

MANŒUVRES, CORDAGES D'UN BATIMENT = Cabullería, Xarcia, Aparejo, Cordage de un barco.

MANŒUVRES COURANTES = Cabos de labor, Cabos corrientes.

MANŒUVRES DORMANTES = Aparejo pendiente, Xarcia muerta, Cabos firmes.

MANŒUVRE BASSE = Xarcia baxa.

MANŒUVRE HAUTE = Xarcia alta.

MANŒUVRE EMPÊCHÉE=Cabo tragero, Cabo embestido.

MANŒUVRE DE RECHANGE = Xarcia de respeto.

MANŒUVRE, TOUTE ESPÈCE DE TRAVAIL QUI SE FAIT A BORD, LE TRAVAIL DU BORD = Faena, Las faenas de bordo.

MANŒUVRER, EN PARLANT D'UN BATIMENT SEUL = Maniobrar (*véase* ÉVOLUER).

MANOQUE = Madeja.

MANOQUE DE BITORD = Madeja de meollar.

MANQUER A VIRER = Faltar la virada.

MANTELET DE SABORD = Porta.

LES MANTELETS DE SABORDS EN GÉNÉRAL = La portería.

FAUX-MANTELETS, FAUX-SABORDS = Arandelas de la artillería.

MANUELLE DE GOUVERNAIL = Pinzote.

MARBRE DU GOUVERNAIL = Cilindrio de la rueda del timon ó Maza de la rueda.

MARCHAND, BATIMENT MARCHAND = Barco mercantil, Barco de comercio.

MARCHE D'UN BATIMENT = El andar de un barco.

LE BATIMENT MARCHE BIEN = El barco lleva salida.

LE BATIMENT A PERDU SA MARCHE = El barco esta mancado.

ORDRE DE MARCHE = Orden de marcha.

CONTRE-MARCHE = Contramarcha.

MARCHEPIEDS D'UNE EMBARCATION A RAMES=Peañas ó Pedestales de una embarcacion de remos.

MARCHEPIEDS D'UNE VERGUE = Guardamancebos de una verga.

ÉTRIERS DES MARCHEPIEDS = Estribos de los guardamancebos.

MARCHER = Andar.

BIEN MARCHER = Andar bien, Llevar salida.

MARCHER EN LIGNE = Andar en línea.

MARCHER SUR *N* COLONNES = Andar sobre *N* columnas.

MARCHEUR, BATIMENT BON MARCHEUR, BON VOILIER = Barco velero.

BATIMENT MAUVAIS MARCHEUR = Barco mal velero.

MARÉE = Marea.

MARÉE HAUTE = Marea alta.

MARÉE BASSE = Marea baxa.

GRANDE MARÉE, MALINE, REVERDIE = Marea viva, Marea grande, Aguage.

MARÉE CONTRAIRE AU VENT = Marea contraria al viento.

MARÉE ET CONTRE-MARÉE = Marea y contramarea.

MARÉE QUI PORTE SOUS LE VENT = Marea en la direccion del viento.

MONTANT DE LA MARÉE = Punta de marea.

LA MARÉE DESCEND = La marea vacia.

LA MARÉE EST A SA FIN = La marea no hace mas.

MARGOUILLET, CONDUIT D'UNE MANŒUVRE = Vertello de canal.

MARGOUILLET, COSSE EN BOIS MISE SUR UNE VOILE = Garrucho de madera.

MARGUERITE, FAIRE MARGUERITE = Poner una lantia, Poner lanton ó lantcon.

MARIAGE DE DEUX GRELINS *ou* DE DEUX AUSSIÈRES = Garrupo.

MARIAGE DE LA TOURNEVIRE = Costura ó Cosidura del virador de cubierta.

MARIE-SALOPE = Ponton de fango.

MARIN, *en parlant d'un officier* = Marino.

MARINE = Marina.

MARINE ROYALE = Marina real.

OFFICIER DE LA MARINE = Oficial de marina.

MARIONETTE, POULIE DE MARIONETTE = Polea de vuelta ó Polea giratoria.

RANGÉE *ou* RATELIER DE MARIONETTES = Organo de poleas de vuelta.

MARQUE = Baliza, Marca.

MARQUE DE LA LIGNE DE LOCH = Saga.

MARSOIN, *pièce de construction* = Albitana.

MARSOIN DE L'ARRIÈRE = Contracodaste ó Albitana del codaste.

MARSOIN DE L'AVANT = Contraroda ó Albitana de la roda.

LES MARSOINS, CELUI DE L'ARRIÈRE ET DE L'AVANT = Las albitanas.

MARTEAU = Martillo.

MARTEAU A DENTS = Martillo de presa.

MARTEGAU (*véase* MATTEGAU).

MARTICLES D'ARAIGNÉE = Pernadas de araña.

MARTINET DE LA CORNE D'ARTIMON = Perigallo de la mesana.

MARTINGALE DU BEAUPRÉ = Moco del bauprés.

MASQUE POUR LA FUMÉE = Pentalla.

MASQUÉ, ÊTRE MASQUÉ, AVOIR TOUT SUR LE MAT = Tener el parchamento encima.

MASQUER, PRENDRE VENT DEVANT = Tomar por delante, Tomar por la lua.

MASQUER PAR UNE SAUTE DE VENT = Tomar por delante, por contraste de viento.

MASSE DE FER POUR CHASSER LES CHEVILLES, MAILLET DE CALFAT = Mandarria.

MASSIF, PIÈCE DE BOIS DE REMPLISSAGE = Macizo.
LE MASSIF DE L'AVANT ENTRE LE COUPLE DE COLTIS ET L'ÉTRAVE = Espaldones.

MAT = Palo.
GRAND MAT = Palo mayor.
MAT DE MISAINE = Palo de trinquete.
MAT D'ARTIMON = Palo de mesana.
GRAND MAT DE HUNE = Mastelero de gavia, Mastelero mayor.
PETIT MAT DE HUNE = Mastelero de velacho ó de proa.
MAT DE HUNE DE RECHANGE = Mastelero de respeto.
GRANT MAT DE PERROQUET = Mastelero de juanete mayor ó de juanete grande.
PETIT MAT DE PERROQUET = Mastelero de juanete de proa ó de velacho.
MAT DE PERROQUET DE FOUGUE = Mastelero de sobremesana.
MAT DE PERRUCHE = Mastelero de juanete de sobremesana.
MATS DE FORTUNE = Bándolas.
INSTALLER DES MATS DE FORTUNE, MATER AVEC DES ESPARS ou DES MATEREAUX = Armar bándolas.
MAT DE BEAUPRÉ = Palo de bauprés.
MATS MAJEURS ou BAS MATS = Palos mayores.
MAT DU NORD = Palos del Norte.
MAT D'UN BRIN ou D'UNE PIÈCE = Palo macho.
MAT COMPOSÉ ou MAT DE PLUSIEURS PIÈCES = Palo compuesto.

Mat qui a consenti, mat forcé = Palo rompido.

Mat a pible = Palo tiple.

Casser un mat = Perder un palo.

Mat de pavillon = Asta de bandera.

A mi-mat, amener a mi-mat = A medio mastelero, Arriar á medio mastelero.

MATELOT = Marinero.

Matelot, *lorsque ce mot signifie* camarade, compagnon = Camarada.

Matelots qui mangent au même plat, qui font gamelle = Rancheros.

Plat de matelots, ordinaire de matelots = Rancho de marineros.

MATÉ, batiment maté en brig = Barco arbolado en bergantin.

Maté en galère = Arbolado en galera.

Maté a pible = Arbolado á tiple.

Maté en polacre = Arbolado en polaca.

Maté a trois mats = Arbolado á tres palos.

MATER = Arbolar.

Mater avec des espars, après un dématage = Armar bándolas.

Mater une épontille = Arbolar un puntal.

Mater l'étambot d'un vaisseau = Arbolar el codaste de un navío.

MATEREAU = Arbolillo, Estanca.

MATEUR, maître-mateur = Maestre de arboladura.

MATTEGAU = Gimelga en la cruz de una verga.

MATURE, machine a mater = Cabría ó Máquina de arbolar.

Mature, assemblage de tous les mats d'un vaisseau = Arboladura.

MATURE D'UN BRIG *ou* AUTRE BATIMENT = Arboladura de un bergantin *ú* otro barco.

PIÈCES DE MATURE POUR FAIRE UN MAT = Perchas.

ATELIER DE LA MATURE = Obrador de arboladura.

MAUGÈRE *ou* DALOT = Embornal.

CUIR *ou* TOILE POUR GARNIR LES MAUGÈRES EN DE-
HORS = Manguerote.

MÈCHE DE CABESTAN *ou* FUSÉE DU CABESTAN = Madre
del cabrestante.

MÈCHE D'UN CORDAGE = Corazon de una xarcia.

MÈCHE DE GOUVERNAIL = Madre del timon.

MÈCHE DE GUERRE = Cuerda mecha.

MÈCHE D'UN MAT = Madre de un palo, Alma de un
palo.

MEMBRE DE VAISSEAU = Varenga.

MEMBRURE = Ligazon.

PROPORTIONS DE LA MEMBRURE ET DES BORDAGES =
Línea de la ligazon y de las tablas.

PIÈCES DE MEMBRURE *ou* BOIS POUR MEMBRURE = Madera de ligazon.

MER = Mar.

MER DES INDES = Mar de las Indias.

MER MÉDITERRANÉE = Mar Mediterráneo.

MER DU NORD = Mar del Norte.

MER HAUTE, PLEINE MER = Alto mar.

MER BASSE = Mar baxo.

ÊTRE EN PLEINE MER = Estar en alto mar.

MER COURTE, MER CLAPOTEUSE = Mar encontrado *ó*
encrispado.

MER GROSSE, MER HOULEUSE = Mar de leva.

LA MER BLANCHIT, LA MER MOUTONNE = La mar
Espuma.

La mer déferle = Rompe la mar.

La mer est étale = La mar está parada.

La mer grossit = La mar se va poniendo mala.

La mer monte = La mar monta.

La mer perd = La mar vacia.

La mer tombe = La mar se va calmando.

La mer porte au Sud = La mar lleva al Sud.

La mer porte a tel air de vent = La mar lleva á tal rumbo de viento.

Les vagues de la mer = Las olas del mar.

Homme de mer = Hombre de mar.

Officier de mer = Oficial de mar.

Jeter a la mer = Echar á la mar.

Tomber a la mer = Caer á la mar.

MERLIN, luzin = Piola.

Merlin a deux fils = Piola de dos hilos.

MERLINER des ralingues = Empalomar.

MESTRE, grand mat d'une galère = Palo mayor de una galera.

MÉTACENTRE = Metacentro.

METTRE l'ancre a poste pour aller a la mer = Poner el áncla á buen viage.

Mettre la barre a babord = Poner la caña á babor.

Mettre la barre au vent = Poner ó Llamar la caña á barlovento.

Mettre la barre sous le vent = Poner la caña á sotavento.

Mettre la batterie a l'eau = Echar la batería al mar.

Mettre la batterie aux sabords = Salir afuera la artillería, Meter ó Poner los cañones en batería.

Mettre la batterie a la serre, mettre les canons a la serre = Batiportar la artillería.

METTRE A BORD = Traer á bordo.

METTRE LA BOUÉE A L'EAU = Echar la boya al mar.

METTRE *ou* PRÉSENTER LE BOUT A LA LAME = Poner la proa á la mar.

METTRE LES CANONS EN BRETON, LES ÉLONGER LE LONG DE LA MURAILLE = Abretonar la artillería.

METTRE LE CAP SUR.... = Poner la proa á....

METTRE LA CHALOUPE *ou* UN CANOT A BORD = Arrizar la lancha ó un bote á bordo.

METTRE LA CHALOUPE *ou* LE CANOT A LA MER = Botar la lancha ó el bote al mar.

METTRE DEBOUT AU VENT = Poner la proa al viento.

METTRE EMBARGO = Poner embargo.

METTRE A FLOT = Poner á flote.

METTRE A LA MER = Salir á la mar.

METTRE EN PANNE, METTRE EN TRAVERS = Poner en facha, Poner al payro.

METTRE SON PAVILLON = Poner la bandera.

METTRE AU PLUS PRÈS = Ceñir el viento.

METTRE EN RADE = Baxar á bahía.

METTRE UN SIGNAL = Poner una señal.

METTRE UN VAISSEAU DE L'ARRIÈRE, DÉPASSER UN VAISSEAU = Pasar adelante de un navío.

METTRE UN VAISSEAU DANS UN BASSIN = Meter un navío en un dique.

METTRE UN VAISSEAU SUR LE CHANTIER = Poner un navío sobre las gradas.

METTRE UN VAISSEAU A L'EAU = Botar un navío al agua.

METTRE A LA VOILE, APPAREILLER = Hacerse á la vela, Dar á la vela.

METTRE LE VENT DANS LA VOILE = Marear la vela, Botar en vela.

METTRE TOUTES VOILES DEHORS, FAIRE FORCE DE VOILES = Hacer toda fueza de vela.

METTRE LES VOILES SUR LE MAT = Poner las velas en facha.

MEURTRIÈRE = Tronera.

MI, A MI-CANAL = En medio de la canal.

A MI-MAT, AMENER A MI-MAT = A medio mastelero, Arriar á medio mastelero.

MILIEU D'UNE VERGUE = Cruz de la verga.

MINAHOUET = Tablilla de aforrar.

MINOT ou MINOIS = Pescante de la amura, Servioleta.

HAUBANS DE MINOT = Vientos del pescante.

MIRE, PRENDRE SA MIRE = Apuntar, Hacer la puntería.

MIREMENT ou MIRAGE = Calima.

MISAINE = Trinquete.

MAT DE MISAINE = Palo de trinquete.

VERGUE DE MISAINE = Verga de trinquete.

VOILE DE MISAINE = Vela de trinquete.

METTRE LA MISAINE AU PETIT BOSSOIR = Poner el trinquete al pajaril.

HUNE DE MISAINE = Cofa de trinquete.

LES PORTE-HAUBANS DE MISAINE = Las mesas de guarnicion del trinquete.

MITRAILLE = Metralla.

CHARGE A MITRAILLE = Carga de metralla.

MODÈLE = Modelo.

MOLE = Muelle.

MOIS DE GAGES = Soldada de los marineros.

MOLETTE = Muleta.

MOLLIR, TOMBER, *en parlant du vent* = Afloxar, Abonanzar, *hablando del viento.*

Le vent mollit = Afloxa el viento.

Mollir un cordage, donner du mou = Arriar, Dar juego, Lascar, Afloxar un cabo.

Mollir les haubans = Arriar los obenques.

Mollir la barre = Arriar la caña.

MONTANS des bittes d'écoutes, seps de drisse = Guindastes ó Avitones al pie de un palo.

Montans des fronteaux des gaillards dans lesquels il y a des réas = Maimolones.

Montans que l'on met sur un plat bord pour établir des fargues, montans de la gorge de loup = Macarrones.

Montans des sabords = Baliportes de los lados de las portas.

Montans de tentes, de batayoles = Puntales.

Montant de la marée = Punta de marea.

Montant de voute = Gambota.

MONTÉ, vaisseau monté de N canons = Navío que monta N cañones.

MONTER les canons = Montar los cañones, las piezas.

Monter le gouvernail = Meter el timon, Calar el timon.

MONTRE MARINE = Relox de longitud ó Cronómetro.

MOQUE pour haubans ou étais = Quadernal ciego.

Moque pour le grand étai = Quadernal ciego para estay mayor.

Moque a N trous = Quadernal de N ojos.

Moque d'araignée, moque de trelingage = Liebre por la araña de la mesana.

MORDRE le fond, *en parlant d'une ancre* = Agarrar, *hablando del áncla.*

L'ancre a pris ou a mordu = El áncla agarra.

MORT, CORPS MORT = Cuerpo muerto.

TOUR MORT = Vuelta redonda.

MORT D'EAU, LE MORT DE L'EAU *ou* MORTE-MER = Mar baxa, Agua muerta.

MORTAISE, CLAN = Mortaja, Caxera.

LA MORTAISE D'UNE POULIE = La mortaja de un moton.

LES MORTAISES DU VINDAS *ou* DU CABESTAN = Las mortajas del molinete ó del cabrestante.

MORTIER = Mortero.

MOU D'UN CORDAGE = El seno del cabo.

RABRAQUER LE MOU D'UNE AMARRE = Coger el seno de una amarra.

MOUILLAGE = Surgidero.

BON MOUILLAGE, BON FOND = Fondo tenidero.

MAUVAIS MOUILLAGE, FOND MOU = Fondo blando.

ALLER AU MOUILLAGE = Ir al surgidero.

CHERCHER UN MOUILLAGE = Buscar surgidero.

ÊTRE AU MOUILLAGE = Estar al surgidero.

VAISSEAU AU MOUILLAGE = Navío en surgidero.

ANCRE EN MOUILLAGE = Ancla á la pendura, Ancla apeada.

MOUILLE! = Fondo al áncla!

MOUILLER, JETER L'ANCRE = Dar fondo, Echar el áncla.

MOUILLER EN CROUPIÈRE = Estar arrejerado.

MOUILLER DEUX *ou* TROIS PLIS DU CABLE = Dar fondo con dos ó tres adujas.

MOUILLER PAR *N* BRASSES = Dar fondo por *N* brazas.

MOUILLER EN FAISANT EMBOSSURE, S'EMBOSSER = Estar con una rejera sobre el cable.

Mouiller mi-travers a la marée = Estar amarrado marea á la quadra ó Estar medio atravesado.

Mouiller en pagale = Dar fondo á la vela á todas las ánclas.

Mouiller en patte d'oie = Amarrarse pata de ganso.

Mouiller entre vent et marée = Estar atravesado.

Mouiller les voiles = Enmar las velas.

Mouiller sous voiles = Dar fondo á la vela.

MOUSSE = Page de escoba.

Mousse de chambre = Muchacho.

MOUSSON, vent alisé = Viento general, Viento tópico.

MOUSTACHES de la vergue de civadière = Arretrancas, Mostachos ó Bozas de la cebadera.

Moustaches de la vergue sèche = Estrobos de la seca.

MOUTON, *lorsque la mer commence à s'agiter* = Soforro.

Mer qui moutonne = Mar cabrilleada.

MOUVANT, sable mouvant = Arena movediza.

MOUVEMENS d'une armée = Movimientos de una armada.

Mouvemens d'un vaisseau, roulis = Balances de un navío.

MOYEN parallèle = Latitud media.

MUDER, tréllucher *ou* changer, *en parlant des voiles auriques* = Cambiar.

MUNITIONNAIRE = Proveedor.

Commis du munitionnaire = Maestre de víveres.

MUNITIONS DE GUERRE = Municiones de guerra.
  MUNITIONS NAVALES = Municiones navales.

MURAILLE D'UN BATIMENT, EN DEDANS = Murada.
  MURAILLE EN DEHORS = Costado.

NAU

NABLE D'UN CANOT = Desaguadero de un bote.

NAGE = Boga.
  DONNER LA NAGE = Dar la boga.
  TENTE DE NAGE POUR UN CANOT = Toldo para un
  bote.

NAGER, RAMER, VOGUER = Bogar.
  NAGE! Boga!
  NAGE A SEC! Boga limpio!
  NAGE TRIBORD ET SCIE BABORD! = Boga estribor y cia
  babor!
  NAGER DEBOUT = Bogar en pie.
  NAGER DE LONG = Bogar largo.
  NAGER PLAT = Bogar llano.
  NAGER SUCCESSIVEMENT LES AVIRONS PAIRS ET IM-
  PAIRS = Bogar por quarteladas.

NAGEUR = Remero, Bogador.

NAVAL, COMBAT NAVAL = Combate naval.
  ARMÉE NAVALE = Armada.

NAUFRAGE = Naufragio.

NAUFRAGER, FAIRE NAUFRAGE = Perderse, Naufragar.
  BATIMENT NAUFRAGE = Barco náufrago.

NAULAGE ou NOLIS = Flete.

NAUTIQUE, ALMANACH NAUTIQUE = Almanak náutico.
  ASTRONOMIE NAUTIQUE = Astronomia nautica.
  INSTRUCTIONS NAUTIQUES = Instrucciones náuticas.

INSTRUMENS NAUTIQUES = Instrumentos náuticos.

NAVIGABLE, MER NAVIGABLE = Mar llana, Mar navegable.

MER QUI N'EST PAS NAVIGABLE = Mar que no está navegable.

NAVIGATEUR = Navegante, Navegador.

NAVIGATION = Navegacion.

NAVIGATION DE LA CÔTE, CABOTAGE = Navegacion de la costa ó costanera.

NAVIGATION HAUTURIÈRE = Navegacion de altura.

NAVIGUER = Navegar.

INSTRUCTIONS POUR NAVIGUER = Instrucciones para navegar.

NAVIGUER SUR SON LEST = Navegar en lastre.

NAVIGUER A LA PART = Navegar á la parte.

NAVIRE = Barco, Nave, Buque.

NAVIRE MARCHAND = Barco mercantil.

OÙ VA LE NAVIRE? = Adonde va el barco?

D'OÙ VIENT LE NAVIRE? = De donde viene el barco?

NAVIRE PROPRE = Barco limpio.

NAVIRE SALE = Barco súcio.

NÉGRIER, BÂTIMENT POUR LA TRAITE DES NÈGRES = Barco que sirve para el trato de los negros.

NEPTUNE = Atlas marítimo.

NEUTRE = Neutral.

BATIMENT NEUTRE = Barco neutral.

NEZ, VAISSEAU QUI EST TROP SUR LE NEZ = Navío que está demasiado aproado.

NIVEAU = Nivel.

NIVEAU DE L'EAU = Nivel del agua.

NŒUD = Nudo, Vuelta.

Nœud d'agui a élingue = Balzo por el seno.

Nœud d'anguille = Vuelta de braza, Vuelta de arpeo.

Nœud de bois = Nudo de leño.

Nœud de bouline = Malla.

Nœud de chaîne = Vuelta de cadena.

Nœud coulant = Ahorca-perro.

Nœud d'écoute = Vuelta de escota.

Nœud d'écoute de civadière = Nudo de escota de cebadera.

Nœud d'élingue = Vuelta de eslinga.

Nœud de jambe de chien = Margarita, Manuela, Cátabre.

Nœud a merliner, demi-clef = Trincafía.

Nœud plat, nœud marin = Nudo al derecho.

Nœud a plein poing = Nudo corredizo.

Nœud de tire-veille = Nudo ó Piña del guarda-mancebo de la escala.

Nœud de vache = Gorupo.

Demi-nœud = Nudo de encapilladura.

Faux-nœud, nœud commun = Nudo al revés.

Nœuds de la ligne de loch = Señales de la corredera.

Nous filons douze nœuds = El navío corre doce señales.

NOIX ou tête du cabestan, capot du cabestan = Sombrero del cabrestante.

Noix d'un mat de hune = Cuello de un mastelero.

Nota. Si dans la noix il y a un réa il se nomme Reclame.

NOLIS ou nolisement, frèt = Flete.

NOLISER, fréter = Fletar ó Afletar.

NONIUS d'un instrument a réflexion = Nonio.

NORD = Norte, Nord.

NORD QUART AU NORD-EST = Norte quarto al Nord-este.

NORD-NORD-EST = Nordnordeste.

NORD-EST QUART AU NORD = Nordeste quarto al Norte.

NORD-EST = Nordeste.

NORD-EST QUART A L'EST = Nordeste quarto al Este.

EST-NORD-EST = Este Nordeste.

EST QUART DE NORD-EST = Este quarto de Nordeste.

NORD-ESTER = Nordestear, Variacion oriental ó nordeste.

NORD-OUESTER = Nordoestear, Variacion occidental ó nordoeste.

NOVICE-MATELOT = Grumete.

NOYER LA TERRE, LA PERDRE DE VUE = Perder la tierra de vista.

ŒIL

OBLIQUE, DIRECTION OBLIQUE = Direccion obliqua.
FAIRE UNE ROUTE OBLIQUE = Hacer una derrota obliqua.

OBSERVATION, BATIMENT D'OBSERVATION = Barco de observacion.

OBSERVER LA HAUTEUR DU SOLEIL = Tomar la altura del sol.

OCCASE, AMPLITUDE OCCASE = Amplitud occidental.

OCEAN = Océano.

OCTANT = Octante.
L'ALIDADE = La alidada.
LE CERCLE GRADUÉ = El arco.
LA VIS DE RAPPEL = El micrómetro.

ŒIL DE PIE POUR LES RIS = Ollado de los rizos.

ŒILLET, GANCE, ŒIL, *fait sur le bout d'un grelin ou tout autre cordage, ou d'un étai* = Gaza.

L'œILLET DE L'ANCRE = El ojo del áncla.

ŒUVRES MORTES = Astillas muertas, Obras muertas.
ŒUVRES VIVES = Astillas vivas, Obras vivas.

OFFICIER DE LA MARINE = Oficial de marina.
OFFICIER GÉNÉRAL, VICE-AMIRAL = Teniente general.
OFFICIER MAJOR = Ayudante.
OFFICIER DE GARDE, OFFICIER DE QUART = Oficial de guardia.
OFFICIERS D'ADMINISTRATION DE LA MARINE = Oficiales de contaduría de marina.
OFFICIERS MARINIERS = Oficiales de mar.

> *Nota.* Les grades d'Officiers mariniers sont, dans la marine espagnole, *Primeros contramaestres*, Maîtres d'équipage à la haute paie ; *Segundos contramaestres*, Maîtres d'équipages de seconde classe.
>
> *Guardianes*, Contre-maîtres ; *hay primeros y segundos Guardianes*, il y a des Contre-maîtres de première et seconde classe.
>
> *Artilleros de preferencia*, qui sont à peu près les Quartiers-maîtres de la marine française.

OLOFFÉE (*véase* AULOFFÉE).

OPPOSÉ, COURIR A BORD OPPOSÉ, COURIR A BORD CONTRE = Ir de vuelta encontrada.

ORDONNANCES DE LA MARINE = Ordenanzas de marina.

ORDRE, *terme de tactique navale* = Orden.
ORDRE DE BATAILLE = Orden de combate.
ORDRE DE CHASSE = Orden de caza.
ORDRE DE CONVOI = Orden de convoy.
ORDRE DE FRONT = Orden de frente.
ORDRE DE MARCHE = Orden de marcha.
ORDRE NATUREL = Orden natural.
ORDRE RENVERSÉ = Orden inverso.
ORDRE DE RETRAITE = Orden de retirada.

ORDRE SUR *N* COLONNES = Orden sobre *N* columnas.

LE MOT D'ORDRE = El santo.

OREILLES D'ANCRE = Postas ú Orejas del áncla.

OREILLES D'ANE, *gros taquets d'amarrage* = Maniguetas.

ORGUES, *tuyaux des dalots* = Caños.

LES ORGUES *en général* = La cañería.

ORIENTER UN VAISSEAU = Orientar un navío.

VAISSEAU BIEN *ou* MAL ORIENTÉ = Navío bien ó mal orientado.

ORIENTER LES VOILES = Orientar las velas.

S'ORIENTER = Orientarse.

ORIN = Orinque.

ORINGUER L'ANCRE = Orincar el áncla.

ORTIVE, AMPLITUDE ORTIVE = Amplitud oriental.

OSTE D'UNE ANTENNE = Osta de pena.

OU VA LE NAVIRE? = Adonde va el barco?

D'OÙ VIENT LE NAVIRE? = De donde viene el barco?

OÙ EST LE CAP? = Adonde está la proa?

OUAICHE, *sillage ou trace qui reste sur l'eau derrière un bâtiment qui marche* = Aguas del timon ó Estela del barco.

OUAICHE, *marque depuis laquelle on compte les nœuds de la ligne de loch* = Rosa de la corredera.

OUEST = Oeste.

OUEST QUART NORD-OUEST = Oeste quarto al Noroeste.

OUEST NORD-OUEST = Oesnoroeste.

NORD-OUEST QUART A L'OUEST = Noroeste quarto al Oeste.

NORD-OUEST = Noroeste.

NORD-OUEST QUART AU NORD = Noroeste quarto al Norte.

NORD NORD-OUEST = Nordnoroeste.

Nord quart au nord-ouest = Norte quarto al Noroeste.

OURAGAN, tourmente, tempête = Huracan ó Uracan, Turbonada.

OURDIR une corde = Urdir un cabo.

OURSES d'artimon = Burros de mesana.

OUVERT, l'ouvert d'une baie, l'entrée d'une baie = Boca de una bahía.

Être a l'ouvert d'une baie = Tener una bahía abierta.

Être a l'ouvert d'un port = Tener un puerto abierto.

OUVERTURE d'une baie (*véase* OUVERT *et* OUVRIR).

Ouverture des sabords = Abertura de las portas.

OUVRIR une baie, une rade = Tener una bahía abierta.

Ouvrir les distances des vaisseaux = Abrir las distancias de los navíos.

Ouvrir deux objets qui étaient l'un par l'autre = Descubrir una marcacion con otra.

Ouvrir les panneaux pour décharger = Abrir los quarteles de escotillas para descargar.

Ouvrir les sabords = Abrir ó Alzar la portería.

PAI

Pacotille = Ancheta ó Pacotilla.

PAGALE, mouiller en pagale = Dar fondo á la vela á todas las ánclas.

PAGAYE = Canalete.

PAGAYER = Bogar con canaletes.

PAILLE de bittes = Paja de bitas.

Paille de bittes pour tour a bitord = Paja de carretel.

Paille-en-cul = Maricangaya ó Maricangalla, Ala de mesana.

PAILLET, baderne = Pallete.

Paillet uni = Pallete liso.

Paillet fait en bitord = Pallete de meollar.

Paillet fait en tourons = Pallete de cordones.

Paillet lardé = Pallete afelpado.

PALAN = Aparejo.

Grand palan = Aparejo grande.

Petit palan = Aparejo chico ó Aparejuelo.

Palan double = Aparejo doble.

Palan simple = Aparejo.

Palan de bouline = Aparejo de bolina.

Palan de charge frappé sur un étai = Estrinque ó Candeleton.

Palan a croc = Aparejo de gancho.

Palan de drosse = Aparejito de racamento.

Palan d'étai, candelette = Candaliza.

Palan a fouet = Aparejo ó Moton de rabiza.

Palan a itague = Aparejo de amante.

Palan de sabord = Aparejuelo de porta.

Palans d'amures ou palans du maître, *qui n'ont aucune destination particulière* = Aparejos de combes.

Palans de bout de vergue = Aparejos del penol.

Palans a canon = Palanquines para la artillería.

Palans aux côtés du gouvernail = Estrelleras ó Aparejos de los lados del timon.

Palans de la barre du gouvernail = Estrelleras ó Aparejos de la caña del timon.

Palans de retraite = Palanquines de retenida.

Palans de ris = Palanquines de rizos.

Palans de roulis des basses vergues = Aparejos de roli, Aparejos del penol ó Aparejos de balance.

PALANS DE ROULIS DU GRAND HUNIER = Reolines de gavia.

PALANS DE ROULIS DU PETIT HUNIER = Reolines de velacho.

PALANQUER = Izar algo con una estrellera.

PALANQUINS DE RIS = Amantes de los palanquines de rizos.

PALANQUINS DES SABORDS = Aparejuelos de portas.

PALE ou PELLE D'UN AVIRON = Pala de un remo.

PALME = Palmo.

MAT DE N PALMES = Palo de N palmos.

PALOMBE, ÉLINGUE = Eslinga.

PANNE = Facha ó Payro.

ÉTRE EN PANNE = Estar en facha ó Estar al payro.

METTRE EN PANNE = Poner en facha ó Poner al payro.

PANNEAU ou ÉCOUTILLE = Escotilla.

PANNEAU D'ÉCOUTILLE = Quartel de escotilla.

PANNEAUX A CAILLEBOTIS POUR LES ÉCOUTILLES = Quarteles enjaretados.

PANTENNE, BATIMENT DÉSEMPARÉ *qui a tout en pantenne* = Barco desmantelado.

VOILES EN PANTENNE ou DÉCHIRÉES = Velas desmanteladas.

PANTOIRE (*véase* PENDEUR).

PANTOQUIÈRES, *palans avec lesquels on lace les haubans de tribord à bâbord quand ils ont pris du mou* = Jaretas ó Trincas.

PAQUEBOT, COURRIER = Correo, Paquebote, Barco de correo.

PARACLOSES ou PARCLOSES = Tablas levadizas para las grueras de las varengas.

PARAGE = Parage.

PARALLÈLE, MOYEN PARALLÈLE = Latitud media.

PARC D'ARTILLERIE DANS UN ARSENAL = Parque de artillería en un arsenal.

PARC A BOULET A BORD D'UN VAISSEAU = Chillera.

PARC POUR LES BESTIAUX = Coral del ganado.

PARCLOSES *ou* PARACLOSES = Tablas levadizas para las grueras de las varengas.

PARÉ, ÊTRE PARÉ = Estar listo.

PARER = Zafar, Aclarar.

PARER *ou* DÉGAGER UNE MANŒUVRE = Zafar un cabo.

PARE MANŒUVRE! = Zafa cabo!

PARER A VIRER = Aparejar á virar.

PARE A VIRER! = Apareja á virar!

PARER UN CAP *ou* UNE POINTE = Montar ó Rebalsar un cabo, una punta.

PARER UN PALAN = Registrar un aparejo.

PARLEMENTAIRE = Parlamentario.

PARQUET A BOULETS (*véase* PARC A BOULETS).

PART DE PRISE = Parte de presa.

NAVIGUER A LA PART = Navegar á la parte.

PARTANCE, ÊTRE EN PARTANCE, ÊTRE EN APPA-REILLAGE = Estar en franquía.

TIRER LE COUP DE CANON DE PARTANCE = Tirar la pieza de leva.

POINT DE PARTANCE = Punto de salida.

PASSAGE, BATEAU DE PASSAGE = Barco de pasage.

PASSAGER = Pasagero.

PASSE ENTRE DEUX TERRES *ou* DEUX DANGERS = Paso.

PASSE-AVANTS D'UN BATIMENT = Pasamanos.

PASSEPORT = Pasaporte.

Passeport d'un batiment marchand = Pasaporte de un barco mercantil.

Passeport, *sauf-conduit que l'on donne à un bâtiment ennemi pour se rendre à un port désigné* = Pasavante.

PASSE-VOLANT = Pasavolante.

PASSER = Pasar.

Passer a bord contre = Pasar de vuelta encontrada.

Passer des canons d'un bord a l'autre = Pasar cañones de un bordo á otro.

Passer la bosse debout *ou* la bosse du bossoir par l'arganeau = Pasar el capon.

Passer une manœuvre = Pasar cabo.

Passer de l'ordre de marche a.... = Pasar del orden de marcha á....

Passer a poupe = Pasar por la popa.

Passer au vent = Pasar á barlovento.

Passer sous le vent = Pasar á sotavento.

Passer sur le bord, *soit par honneur, soit pour travailler* = Saltar á la banda.

Passe du monde sur le bord! = Salta gente á la banda!

PASTEQUE *ou* poulie coupée = Pasteca.

PATACHE du domaine, batiment garde-côte = Barco guardacosta.

Batiment patache, lourd, qui ne marche pas = Barco ruerno, calabazo ó porron.

PATARAS, *coin à manche, outil de calfat* = Pitarasa.

Pataras, faux-haubans = Quinales.

PATARASSER, *terme de calfat* = Pitarasear ó Rebater con la pitarasa.

PATINS, *bout des alonges de revers qui dépassent le plat bord* = Manignetones, Barraganetes.

PATRON = Patron.

PATRON *ou* MAÎTRE D'UN BATEAU = Patron de un barco.

PATRON DE CANOT = Patron de bote.

PATRON DE CHALOUPE = Patron de lancha.

PATTE, BEC *ou* AÎLE D'ANCRE = Posta del áncla, Uña del áncla.

PATTE D'UN GRAPIN = Uña del rezon.

PATTE D'OIE POUR BONNETTE BASSE = Viento del rastrero.

PATTE *ou* ŒILLET FAIT SUR UNE RALINGUE = Garrucho.

PATTES DE BOULINE = Poas de bolina, Garruchos de bolina.

PATTES *ou* MAINS DE FER POUR UNE ÉLINGUE A HISSER DES BARRIQUES = Gafas.

PATTES DES VOILES, *morceaux carrés de grosse toile dont on renforce certaines parties des voiles* = Dados de las velas.

PAUMELLE POUR UN VOILIER = Rempujo ó Dado para velero.

PAUMOYER LE CABLE, PASSER SOUS LE CABLE AVEC LA CHALOUPE = Recorrer el cable con la lancha.

PAVILLON = Bandera.

PAVILLON DE BEAUPRÉ = Bandera de bauprés.

PAVILLON EN BERNE = Bandera en morron.

PAVILLON DE COMMANDEMENT = Bandera quadrada en el tope.

PAVILLON DE CONSEIL = Bandera de consejo.

PAVILLON DE DISTINCTION DU VAISSEAU COMMANDANT = Insignia de una Capitana.

PAVILLON DE GUERRE, PAVILLON DE COMBAT = Bandera de combate, Bandera roxa.

PAVILLON NATIONAL = Bandera nacional.

PAVILLON NEUTRE = Bandera neutral.

PAVILLON DE PAIX, PAVILLON PARLEMENTAIRE = Bandera de paz, Bandera blanca.

PAVILLON DE POUPE = Bandera de popa.

PAVILLON DE SIGNAUX = Bandera de señas.

PAVILLON FENDU EN CORNETTE = Bandera de corneta.

PAVILLON A TROIS POINTES = Bandera de corneta con una lengua.

FAIRE PAVILLON, DÉPLOYER LE PAVILLON = Hacer bandera.

AMENER LE PAVILLON = Arriar la bandera.

HISSER LE PAVILLON = Izar la bandera.

LE BATTANT ET LE GUINDANT D'UN PAVILLON = Largura y anchura de la bandera.

DRISSE DE PAVILLON = Driza de bandera.

MAT *ou* BATON DE PAVILLON = Asta de bandera.

PAVOIS = Pavesada, Empavesada.

PAVOISER, *lorsque l'on met les pavois de hune et de bastingage* = Empavesar.

PAVOISER *avec des pavillons* = Engalanar.

PAYE PAR MOIS = Paga, Sueldo.

ON A PAYÉ UN MOIS = Han dado una paga.

PÊCHEUR = Pescador.

PEIGNER *ou* CONGRÉER UN CABLE = Dar una entrañadura al cable.

PEIGNER LE CHANVRE = Rastrillar el cáñamo.

PEIGNER UN TOURON POUR FAIRE UNE QUEUE DE RAT = Hacer peinado.

PEIGNEUR DE CHANVRE = Rastrillador de cáñamo.

PEINDRE, NOIRCIR LES MATS = Pintar los palos.

PELLE D'AVIRON (*véase* PALE).

PEN AU, FAIRE PENAU = Arriar el áncla sobre el capon, Arriar la uña.

PENDEUR *ou* PANTOIRE = Corona, Estrobo, Caña.
PENDEUR DE CALIORNE = Corona del aparejo real.
PENDEUR DE CANDELETTE = Corona de estrellera.
PENDEUR DU PALAN DE DAVIER = Caña del aparejo del pescante de la amura *ó* servioleta.
PENDEUR D'UN BRAS = Brazalote.
PENDEUR DE BOUT DE VERGUE = Brazalote del aparejo del penol.

PENINSULE, PRESQU'ÎLE = Península.

PENNE D'UNE ANTENNE = Pena de una entena.
LE BOUT D'EN BAS D'UNE ANTENNE = El car de la entena.

PENON, GIROUETTE DE VAISSEAU = Cataviento.

PENTURE = Bisagra.
PENTURES DE SABORDS = Bisagras de las portas.

PERÇAGE (LE) = El barrenado.

PERCER = Barrenar.

PERCEUR = Maestro de barrena.

PERDITION, ÊTRE EN PERDITION = Estar para perderse.

PERDRE SES ANCRES = Perder las áncles.
PERDRE UN CANOT = Perder un bote.
PERDRE SON GOUVERNAIL = Perder el timon.
PERDRE SES MATS *ou* L'UN D'EUX, DÉMATER = Desarbolar.
PERDRE LA TERRE DE VUE, NOYER LA TERRE = Perder la tierra de vista.
FAIRE PERDRE *ou* ÔTER LA MARCHE A UN BATIMENT = Mancar un barco.

Le batiment a perdu sa marche = El barco está mancado.

Se perdre sur une roche = Barrarse ó Perderse encima de una piedra.

PÉRIR, faire naufrage = Perderse.

Périr, corps et biens = Perderse casco y gente.

PERROQUETS = Juanetes.

Mat de grand perroquet = Mastelero de juanete mayor.

Mat de petit perroquet = Mastelero de juanete de proa ó de velacho.

Mat de perroquet de fougue = Mastelero de sobremesana.

Vergue de grand perroquet = Verga de juanete mayor.

Vergue de petit perroquet = Verga de juanete de proa.

Vergue de grand perroquet volant = Verga de sobrejuanete mayor.

Vergue de petit perroquet volant = Verga de sobrejuanete de proa.

Vergue de perroquet de fougue = Verga de sobremesana.

Voile de grand perroquet ou grand perroquet = Vela de juanete mayor.

Voile de petit perroquet ou petit perroquet = Vela de juanete de proa.

Voile de grand perroquet volant ou grand catacoi = Vela de sobrejuanete mayor.

Voile de petit perroquet volant ou petit catacoi = Vela de sobrejuanete de proa.

Voile de perroquet de fougue ou perroquet d'artimon = Vela de sobremesana.

BRAS, DRISSE, ÉTAI DE PERROQUET, etc. (*véase* BRAS, DRISSE, ÉTAI, etc.)

PERRUCHE = Periquito, Juanete de sobremesana.

MAT DE PERRUCHE = Mastelero de juanete de sobremesana.

VERGUE DE LA PERRUCHE = Verga de juanete de sobremesana.

VOILE DE PERRUCHE = Vela de juanete de sobremesana ó de periquito.

PESER SUR UNE MANŒUVRE = Cargar, Izar, Halar.

PHARE *ou* FEU, TOUR A FEU = Fanal, Faro, Farol.

PIBLE, MAT A PIBLE = Palo tiple.

PIC *ou* CORNE D'ARTIMON, VERGUE DU PIC = Cangrejo de mesana, Pico.

A PIC, ÊTRE A PIC = Estar á pique.

A PEU PRÈS A PIC = Quasi á pique.

RESTER A PIC = Quedar á pique.

L'ANCRE EST A PIC = El áncla está á pique.

VIRER A PIC = Virar á pique.

CÔTE A PIC = Costa á pique.

PIÈCE DE CANON = Pieza de cañon.

PIÈCE DE TRENTE-SIX = Pieza de á treinta seis.

PIÈCE DE CORDAGE = Pieza de xarcia.

PIÈCE DE CORDAGE EN AUSSIÈRE A QUATRE TOURONS = Pieza de guindaleza de á quatro cordones.

PIÈCE *ou* FUTAILLE = Pipa.

TOUTES LES PIÈCES *ou* FUTAILLES D'UN BATIMENT = La pipería.

PIÈCES A EAU = Pipas de agua.

PIÈCES A VIN = Pipas de vino.

Pièces de tour de l'arrière *ou* de l'avant = Cucharros tablones de galima.

> *Nota. Cucharros* s'emploie plus particulièrement pour les pièces de tour de l'arrière.

PIED, *mesure* = Pie.

> *Nota.* Le pied français ancien vaut 13 pouces 9 lignes du pied de Castille dont on se sert dans les Arsenaux de la Marine royale.

Le batiment cale *ou* tire *N* pieds = El barco cala *N* pies.

Pied du mat, *la partie qui correspond à l'étambrai* = Pie del palo.

Pied d'un mat, *la partie qui est engagée dans l'emplanture* = Mecha de un palo.

Avoir le pied marin = Ser zapatero.

PIERRIER = Pedrero.

PIGOULIÈRE = Cocina de brea.

PILASTRES de la galerie d'un vaisseau = Balaustres de la galeria de un navío.

PILOTAGE = Pilotage, Lamanage.

PILOTE = Piloto.

Premier pilote = Primer piloto.

Second pilote = Segundo piloto.

Pilote côtier *ou* lamaneur, pilote pratique = Piloto práctico, Piloto de puerto.

Pilote hauturier = Piloto de altura.

PILOTER un vaisseau = Estar de piloto ó Estar de práctico á bordo de un navío.

PILOTIN, *élève officier-pilote* = Pilotin.

PINCE, levier de fer, pied de chèvre = Pie de cabra

PINCE-BALLE, *grande tenaille* = Tenazas.

PINCER le vent = Ceñir el viento, Pellizcar el viento, Abarloar, Ceñir á barlovento.

PINQUE = Londro, Pinque.

PIPE (*véase* PIÈCE).

PIQUE, *arme pour l'abordage* = Chuzo, Pica.

PIQUÉ, être piqué des vers = Estar pasado de broma.

PIQUER l'heure = Picar la hora.

PIRATE, forban = Pirata.

PIRATER = Piratear, Hacer de pirata, Estar de pirata.

PIRATERIE = Piratería.

PIROGUE, petit canot, petite yole = Chinchorro, Canoa, Piroga.

PISSOTIÈRE sur l'avant = Dala en la borda del castillo de proa.

PISTOLET ou minot, boute-lof = Pescante de la amura ó servioleta.

PISTOLETS de poupe ou petits bossoirs sur le couronnement = Pescantes de á popa.

PITON = Cáncamo.
    Piton a boucle = Cáncamo con argolla.
    Piton a boucle avec une cosse = Cáncamo con guardacabo.
    Piton a croc = Cáncamo de gancho.

PIVOT d'une aiguille de boussole = Peon ó Estilo de la aguja de brúxula.
    Pivot du cabestan = Peon del cabrestante.

PLACAGE, pièces de bois réunies en placage = Empalmadura.
    Réunir des pièces en placage = Empalmar.

PLACART EN BOIS *ou* EN PLOMB POUR BOUCHER UN TROU DE BOULET = Tapa balazo.

PLAGE = Playa , Costa.

PLAGE DE SABLE = Playa de arena.

PLAN D'UN VAISSEAU = Proyeccion de un navío.

PLAN D'ÉLÉVATION = Proyeccion longitudinal.

PLAN HORIZONTAL = Proyeccion horizontal.

PLAN VERTICAL, PLAN DE PROJECTION = Proyeccion transversal.

PLAN DE BARRIQUES DANS UNE CALE = Andana ó Tunga de pipas.

PREMIER PLAN = Primera ándana ó Primera tunga.

PLANCHE POUR DÉBARQUER D'UN CANOT = Tabla para desembarcar de un bote, Plancha.

PLANCHE A FEU = Plancha de fuego.

JOURS DE PLANCHE, STARIE = Estada.

PLANCHER = Panas.

PLANCHER DE LA FOSSE AUX CABLES = Pañol de los cables.

PLANÇON, BORDAGE ÉPAIS = Tablon.

PLAT DE MATELOTS, *nombre de matelots qui mangent ensemble à bord d'un vaisseau* = Rancho de marineros.

PLAT DES MALADES = Rancho de los enfermos.

PLAT D'AVIRON = Pala de remo.

LE PLAT FOND D'UN VAISSEAU = El pantoque.

BATEAU PLAT = Embarcacion chata.

PLAT-BORD = Regala , Borda.

PLATE-BANDE DE CANON = Sobremuñonera.

PLATE-BANDE DE FER = Planchuela de hierro.

PLATE-FORME DES CABLES = Sollado de los cables.

TOUTE ESPÈCE DE PLATE-FORME FAITE DANS LA CALE D'UN BATIMENT = Sollado ó Entarimado.

PLATIN, *rivage plat et sablonneux* = Playa, Arenal.

PLEIN, ALLER AU PLEIN, ALLER A LA CÔTE = Dar á la costa.

LE PLEIN DE L'EAU *ou* MOMENT DE LA PLEINE MER = Plena mar.

ALLER A PLÉINE VOILE, ALLER A TOUTES VOILES = Ir con todo el trapo largo.

PLET *ou* PLI D'UN CABLE = Aduja.

PLIER *ou* DONNER A LA BANDE, *en parlant d'un vaisseau* = Dar á la banda, Tumbar.

PLIER SUR BABORD = Tumbar á babor.

PLIER LA TOILE D'UNE VOILE QUE L'ON SERRE = Aferrar ó Ferrar vela.

PLOC = Lana ó Pelo de vaca y papel del forro ó embono.

PLOMB DE SONDE = Escandallo.

PLOMBER, DOUBLER *ou* COUVRIR EN PLOMB = Emplomar.

PLONGER, DONNER LA CALE = Zambullir.

PLONGEUR = Buzo.

PLOQUER = Aforrar el embono.

POINÇON A CALFAT = Punzo para calafate.

POINT = Punto.

POINT DE DÉPART, POINT DE PARTANCE = Punto de salida.

MARQUER SON POINT, POINTER LA CARTE = Echar el punto en la carta.

POINT DU PILOTE = Punto del piloto.

POINT VÉLIQUE = Punto velico.

POINT D'UNE VOILE = Puño de una vela.

POINTAGE DE CANON = Puntería.

POINTE *ou* CAP = Punta, Cabo.

POINTE DE TERRE = Punta de tierra.

ALLER A POINTE DE BOULINE = Ir á bolina apuntada.

BRASSER LES VERGUES EN POINTES = Perfilar las vergas.

POINTER = Apuntar.

POINTER UN CANON = Apuntar un cañon ó Hacer la puntería.

POINTER A DÉMATER = Apuntar para desarbolar.

POINTER A COULER BAS = Apuntar para echar á pique.

POINTER EN CHASSE = Apuntar á proa.

POINTER LA ROUTE = Echar el punto en la carta.

POINTURE *ou* EMPOINTURE D'UNE VOILE = Empuñidura.

PRENDRE LA POINTURE D'UN RIS = Tomar la empuñidura de un rizo.

RABANS DE POINTURE = Empuñiduras.

POLACRE, SORTE DE BATIMENT = Polacra.

POLICE D'ASSURANCE = Aseguracion.

POMME DE MAT *ou* DE BATON DE PAVILLON = Perilla.

POMME D'ÉTAI = Barrilete de estay.

POMMES *ou* BOUTONS DE TOURNEVIRE = Barriletes del virador de cubierta.

POMME GOUGÉE, CONDUIT D'UNE MANŒUVRE, MARGOUILLET = Vertello de canal.

POMMES DE RACAGE = Vertellos de racamento.

POMOYER (*véase* PAUMOYER).

POMPE = Bomba.

ARCHE DE POMPE = Caxa ó Canal del cuerpo de la bomba.

CHOPINE DE POMPE = Chapaleta.

CLOUS A POMPE = Tachuelas de bomba.

Corps de dégorgement de la pompe = Tubo superior de la bomba.

Dale de pompe = Adala.

Sonde de pompe = Sondaleza de bomba.

Verge de pompe = Asta de hierro de bomba.

Charger *ou* engréner la pompe = Echar agua en el tubo de la bomba.

A la pompe! = A la bomba!

Babord a la pompe! = Babor á la bomba!

Pompe aspirante = Bomba aspirante.

Pompe de l'avant du vaisseau = Bomba de proa.

Pompe a baton, pompe a main = Sacabuche.

Pompe avec une bringuebale a l'anglaise = Bomba con guimbalete y picota.

Pompe a chapelet = Bomba de cadena ó de rosario.

Pompe pour futailles = Bomba de barriles.

Pompe a la vénitienne, pompe royale = Bomba española.

La pompe est engorgée = La bomba está embarazada.

La pompe a pris, la pompe supe = La bomba tira, La bomba llama.

Pompe de mer *ou* trombe = Bomba marina.

POMPER = Dar á la bomba.

PONT d'un batiment = Cubierta de un barco.

Premier pont = Primera cubierta, Cubierta principal, Cubierta de la bodega.

Second pont = Segunda cubierta.

Troisième pont = Tercera cubierta.

Faux-pont = Sollado.

Faux-pont fait des vergues et des mats de rechange = Cruxida postiza.

Pont arqué = Cubierta quebrada.

Pont coupé = Cubierta abierta en el medio.

Pont entier = Cubierta de punta á la oreja.

Pont flottant, ras de carène = Planchas de agua.

Pont volant = Tabla levadiza ó Tabla de quita y pon.

PONTÉ, batiment ponté = Barco cubierto.

Batiment non ponté = Barco que no está cubierto.

PONTON, barque plate propre a former des ponts, petit pont de bois = Ponton, Pasacavallo.

PORQUER = Poner sobreplanes.

PORQUES = Sobreplanes ó Bularcamas.

PORT de mer = Puerto de mar.

Port-franc = Puerto franco.

Port marchand = Puerto de comercio.

Port a l'abri du vent = Puerto abrigado.

Capitaine de port = Capitan de puerto.

Bureau du capitaine de port = Capitania del puerto.

Bureau des mouvemens du port = Despacho del Sub-Inspector.

Port d'un batiment = Porte de un barco.

Vaisseau du port de soixante-quatorze canons = Navio del porte de setenta y quatro cañones.

Port d'un batiment, son jaugeage = Arqueo, Bucosidad.

PORTE-BOSSOIR ou courbe de bossoir = Curva del pescante de la serviola.

PORTE-GARGOUSSE, garde-feu = Guardacartucho.

PORTE-HAUBANS = Mesa de guarnicion.

Les porte-haubans de grand mat ou grands porte-haubans = Las mesas de guarnicion de palo mayor.

Les porte-haubans de misaine = Las mesas de guarnicion de trinquete.

Les porte-haubans d'artimon = Las mesas de guarnicion de mesana.

Les petits porte-haubans détachés pour galhaubans de perroquet = Las mesetas de guarnicion.

PORTE-TOLET, toletière = Chumacera.

PORTE-VERGUES *ou* bras de la poulaine = Batallolas.

PORTE-VOIX, trompe = Bocina.

PORTÉE d'un canon = Alcance de un cañon.

Être a portée de canon = Estar á tiro de cañon.

Être a demi-portée de canon = Estar á medio tiro de cañon.

Etre a portée de pistolet = Estar á tiro de pistola.

PORTER la voile = Aguantar vela.

Vaisseau qui porte bien la voile = Navío que está duro á la vela.

La voile porte = La vela porta, La vela va en viento.

Faire porter les voiles = Aguantar las velas.

Laisser porter = Ir en buena vela.

Porter le cap a la mer, avoir le cap au large = Correr fuera ó al largo.

Porter sur la terre = Correr á tierra.

Porter sur l'ennemi = Correr al enemigo.

Porter a tel aire de vent = Hacer derrota á tal rumbo.

Porter au nord = Hacer la derrota ó el rumbo del Norte.

Porter au sud = Hacer el rumbo del Sud.

Le courant porte sur...... = La corriente abate encima......

PORTER N DE TONNEAUX = Estar del porte de N toneladas.

PORTUGAISE, *sorte d'amarrage* = Cintura ó Vuelta
portuguesa.

POSTE, ABANDONNER SON POSTE = Abandonar ó De-
semparar su puesto.

LES GENS DE POSTE = La maestranza.

METTRE L'ANCRE A POSTE = Poner el áncla á buen
viage.

POSTE DES ASPIRANS = Chaza de guardias marinas.

POSTE DES CHIRURGIENS = Chaza de los cirujanos.

POSTE DES MALADES SUR LE FAUX-PONT = Entablado ó
Tarima para poner los heridos.

POTENCE DE CLOCHE, MONTANS DE CLOCHE = Guindaste
de la campana.

POTENCE DES ÉLINGUETS = Bita del pal del molinete.

POTENCE D'UNE POMPE SUR LAQUELLE ON ÉTABLIT LA
BRINGUEBALLE = Picota de la bomba.

POTENCES SUR UN PONT = Guindastes.

POUILLOUSE, GRANDE VOILE D'ÉTAI = Vela de estay
mayor.

POULAIN, *arc boutant qui empêche un bâtiment de courir
sur ses chantiers* = Contrete.

POULAINE = Figura, Figuron de proa.

POULIE = Moton.

POULIE DOUBLE, POULIE A DEUX ROUETS = Quadernal
de dos ojos.

Nota. Quadernal signifie toujours une poulie à plus d'un rouet.

POULIE SIMPLE A CROC = Moton de gancho.

POULIE SIMPLE A FOUET = Moton de rabiza.

POULIE DE BALANCINES = Moton de amantillos.

Poulie de caliorne a deux *ou* trois rouets = Quadernal de aparejo real de dos ó tres ojos.

Poulie de capon = Quadernal de gata.

Poulie de carène = Quadernal de tumbar.

Poulie de cargue-boulines = Moton de los apaga-pénoles.

Poulie de cargue-points = Moton de los palanquines y chafaldetes.

Poulie coupée *ou* a dent = Pasteca.

Poulie courante = Moton corriente.

Poulie a cul *ou* de bacul pour écoute de hune = Moton de quixada ó Moton capuchino.

Poulie de drisse = Quadernal de paloma.

Poulie de drisse de basses vergues = Moton real.

Poulie frappée aux bouts des vergues basses pour les drisses des bonnettes = Moton por las drizas de las rastreras y alas.

Poulie des drisses des huniers = Moton de las drizas de gavias.

Poulie estropée = Moton engargantado.

Poulie destropée = Moton desengargantado.

Poulie d'étai = Quadernal de estay.

Poulie de guinderesse = Moton de virador.

Poulie d'itague a la tête des mats de hune = Andullo.

Poulie de marionette = Polea de vuelta, Polea giratoria.

Poulie des pendeurs des mats = Quadernal de las coronas de los aparejos reales.

Poulie plate = Moton chato ó Moton llano.

Poulie a trois rouets = Quadernal de tres ojos.

Poulie de retour = Moton de retorno.

Poulie

Poulie a talon *ou* **de bout de vergue** = Moton de las escotas de gavia y de los amantillos grandes.

Poulie a tourniquet = Moton de torno.

Poulie de dessus vergue pour itague de hune = Paloma.

Poulie de sous-vergue = Moton de los brioles.

Poulie a violon = Polea.

Le corps *ou* **la caisse de la poulie** = El cuerpo ó la caxa del moton.

Estrope d'une poulie = Gaza de un moton.

Le rouet d'une poulie = La roldana de un moton.

POULIERIE, atelier de poulierie = Obrador de motonería ó tornería.

POULIEUR = Motonero.

POUPE de vaisseau = Popa.

Poupe étroite = Popa estrecha.

Poupe large = Popa ancha.

Poupe ronde = Popa redonda ó de cucharro.

Poupe quarrée = Popa llana.

Passer a poupe = Pasar por la popa.

POUSSER la barre au vent, mettre la barre au vent = Llamar la caña á barlovento.

Pousser la barre dessous le vent = Llamar la caña á sotavento.

Pousser de fond = Botar.

Pousser de fond avec des gaffes = Botar fuera con palancas.

Pousser au large étant a terre, déborder d'un batiment = Desatracar.

PRAME = Barca llana.

PRATIQUE, pilote-côtier = Práctico de la costa.

Pratique de la mer = Práctico de la mar.

PRATIQUE DE RIVIÈRE = Práctico de rio.

PRÉCEINTE = Cinta.

PREMIÈRE PRÉCEINTE = Cinta mayor ó Cinta de manga.

SECONDE ET TROISIÈME PRÉCEINTE = Segunda y tercera cinta.

LES PLUS HAUTES PRÉCEINTES *ou* CARREAUX = Caireles ó Cintillas.

PRÉLART *ou* PRÉLAT = Encerado.

BOUCHER LES TROUS D'UNE EMBARCATION CREVÉE AVEC DES PRÉLARTS = Emparchar ó Poner parches.

Nota. Les morceaux de Prélart se nomment alors *Parches*.

PRENDRE = Tomar.

PRENDRE CHASSE *ou* FUIR = Huir.

PRENDRE LA BORDÉE DE TERRE, RALLIER LA TERRE = Tomar la vuelta de tierra.

PRENDRE LA HAUTEUR DU SOLEIL = Tomar la altura del sol.

PRENDRE UNE DISTANCE DU SOLEIL A LA LUNE = Tomar distancia de la margen del sol á la de la luna.

PRENDRE LA MER DEBOUT = Tomar la mar por la lua.

PRENDRE UN RIS *ou* DES RIS = Tomar un rizo ó rizos.

PRENDRE L'EMPOINTURE *ou* LA POINTURE D'UN RIS = Tomar la empuñidura.

PRENDRE LE TOUR DE BITTE = Tomar bitadura.

PRENDRE *ou* FAIRE UN TOUR MORT SUR LE CABLE AVEC LA TOURNEVIRE = Tomar margarita.

PRENDRE LE VENT = Tomar el viento.

PRENDRE VENT DEVANT, MASQUER, FAIRE CHAPELLE = Tomar por avante, Tomar por la lua.

PRENDRE DU LARGE = Abrir el rumbo.

PRENDRE SA MIRE = Apuntar, Hacer la puntería.

PRÉPARER (SE) AU COMBAT = Prepararse para combatir.

PRÈS, VENT PRÈS = Viento escaso.

Ètre au plus près = Estar ceñido.

Courir au plus près, aller au plus près = Ceñir el viento.

Courir près et plein = Ir en viento.

PRÉSENTER le bout a la lame = Poner la proa á la mar ó Aproar á la mar.

Présenter le bout au vent = Poner la proa al viento ó Aproar al viento.

Présenter le travers en s'embossant = Atravesarse, Acoderarse.

PRESQU'ILE, peninsule = Península.

PRESSE, levée de gens de mer = Prensa, leva de gente de mar.

PRESSER, faire une levée de marins = Hacer leva de gente de mar, Prensar.

PRÈTER le côté = Dar el costado, Presentar el costado.

PRÉVOT d'équipage = Preboste de tripulacion.

Prévôt de marine = Preboste de marina.

PRIME d'assurance = Prima de aseguracion.

PRIS, vaisseau pris par l'ennemi = Navío preso por el enemigo.

PRISE = Presa.

Amariner une prise = Amarinar una presa.

Part de prise = Parte de presa.

PROCÈS-VERBAL fait par le capitaine et l'équipage d'un vaisseau = Declaracion hecha por el Capitan y la tripulacion de un navío.

Procès-verbal de visite = Declaracion de visita.

PROLONGER la bordée = Seguir la vuelta.

Prolonger la côte, filer le long de la côte = Costear la costa.

La côte se prolonge = Corre la costa.

PROLONGER LA LIGNE ENNEMIE = Correr la línea
enemiga.

PROMONTOIRE = Promontorio, Cabo.

PROPORTIONS *ou* DIMENSIONS D'UN BATIMENT = Dimensiones de un barco.

PROUE = Proa.

PROVISIONS DE MER = Provisiones de mar.

PUITS, TOURNANT DE MER = Remolino de agua.

QUA

QUAI, CALE POUR DÉBARQUER = Muelle.
 DROIT DE QUAI *ou* QUAYAGE = Derecho de muelle.

QUARANTAINE = Quarentena.
 FAIRE QUARANTAINE = Hacer quarentena.
 PRENDRE QUARANTAINE = Tomar quarentena.

QUARANTENIER = Bayben.

QUARRÉ, *terme de corderie* = Carretel.
 QUARRÉ NAVAL = Quadro naval.
 VOILE QUARRÉE = Vela redonda, Vela de cruz.
 BATIMENT A VOILE QUARRÉE = Barco redondo.

QUART *ou* GARDE = Guardia.
 LE QUART DE HUIT A MINUIT = Primera guardia.
 LE QUART DE MINUIT A QUATRE = Segunda guardia.
 LE QUART DE QUATRE A SIX HEURES DU MATIN =
 Tercera guardia.
 LE QUART DE HUIT A MIDI = Quarta guardia.
 LE QUART DE MIDI A QUATRE = Quinta guardia.
 LE QUART DE QUATRE A SIX HEURES DU SOIR = Media
 guardia de las quatro á las seis de la noche.
 LE QUART DE SIX A HUIT HEURES DU SOIR = Media
 guardia de las seis á las ocho de la noche.

ÉTRE DE QUART *ou* FAIRE LE QUART = Hacer la guardia.

ÉTRE DU QUART DE BABORD = Estar de la guardia de babor.

ÉTRE DU QUART DE TRIBORD = Estar de la guardia de estribor.

AU QUART! = O de la guardia!

BON QUART! = Buena guardia!

APPELER AU QUART = Llamar á la guardia.

TRIBORD AU QUART! = Estribor á la guardia!

RELEVER LE QUART = Rendir la guardia.

OFFICIER DE QUART = Oficial de guardia.

RÔLE DE QUART = Lista de guardia.

QUART *ou* AIRE DE VENT = Quarto de viento.

QUARTIER ANGLAIS, QUARTIER DE DAVIES, QUART DE NONANTE = Quadrante ingles.

QUARTIER DE RÉDUCTION = Quadrante de reduccion.

QUARTIER-MAÎTRE = Artillero de preferencia, Oficial de mar.

QUENOUILLETTES *ou* MONTANS DE POUPE = Gambotas.

QUENOUILLETTES DE TRÉLINGAGE = Sotrozos ó Pernadas para jareta del pie de las arraygadas.

QUÊTE DE L'ÉTAMBOT = Lanzamiento del codaste.

QUÊTE DE LA POUPE = Lanzamiento de popa.

QUEUE D'HIRONDE = Cola de milano, Cola de palo.

QUEUE DE RAT = Rabo de rata.

QUEUE DE RAT, FOUET, AIGUILLETTE EN QUEUE DE RAT = Mogel, Rabiza.

QUILLE = Quilla.

FAUSSE-QUILLE = Zapata.

CONTRE-QUILLE = Contraquilla.

Hauteur de la quille = Altura de la quilla.
Larceur de la quille = Anchura de la quilla.
Longueur de la quille = Largura de la quilla.

QUINÇONNEAU = Burel.

RAB

Raban de cloche = Rabiza de la campana.

Rabans de barre de gouvernail, drosses du gouvernail = Guardines del timon.

Rabans de bouton de culasse = Trincas de culata ó Trincas de muñon.

Rabans de volée pour saisir les canons = Trincas de joya.

Rabans d'empointure ou de pointure = Empuñiduras.

Rabans d'envergure ou de têtière, rabans de faix = Envergues.

Rabans de ferlage = Tomadores.

Rabans de hamac = Bolinas de coy ó Bolinas de hamaca.

Rabans de pavillon = Tomadores de bandera.

Rabans de ris = Rizos redondos, Rizos de cabo.

Rabans de sabords = Guardines de las portas.

RABANER = Enguillar los tomadores.

RABATTUES des gaillards et de la dunette = Medias hiladas de los castillos.

RABLURE, éclingure = Alefrís.

Rablure de l'étambot = Alefrís del codaste.

Rablure de la quille = Alefrís de la quilla.

RABRAQUER, plier une pièce de cordage = Coger cabo.

Rabraquer le mou d'un cordage = Coger el seno de un cabo.

Rabraquer le mou d'une amarre = Coger el seno de una amarra.

RACAGE, racambeau = Racamento.

    Grand racage = Racamento grande.

    Racage de misaine = Racamento de trinquete.

    Racage du grand hunier = Racamento de gavia.

    Racages des perroquets = Racamentos de los juanetes.

    Batard de racage = Bastardo de racamento.

    Bigot de racage = Liebre de racamento.

    Drosse de racage = Troza de racamento.

    Pommes de racage = Vertellos de racamento.

RACAMBEAU = Racamento.

    Racambeau du grand foc *ou* cercle pour amurer le grand foc = Arraca.

RACLE *ou* gratte = Rasqueta.

    Grande racle = Rasqueta grande.

RACLER (*véase* gratter).

RADE = Rada, Bahía.

    Grande rade = Bahía grande.

    Petite rade = Bahía pequeña.

    Rade close, bonne rade = Rada al abrigo de los vientos.

    Mauvaise rade = Bahía mala.

    Rade foraine, rade ouverte = Bahía desabrigada, Rada abierta.

    Être en rade = Estar en bahía.

    Mettre en rade = Baxar á bahía.

    Vaisseau en rade = Navío en bahía.

    Campagne de rade = Campaña de bahía.

RADEAU , *pour se sauver après un naufrage* = Jangada.

RADOUB = Carena.
> GRAND RADOUB = Carena de firme.
> VAISSEAU EN RADOUB = Navío en carena.

RADOUBER UN VAISSEAU = Dar una carena, Recorrer un navío.
> RADOUBER DES VOILES = Componer velas.

RAFALE *ou* BOURASQUE = Chubasco de viento, Fugada ó Ráfaga de viento.

RAFRAICHIR LE CABLE , *en filer un peu* = Refrescar el cable.
> RAFRAÎCHIR LES CANONS = Refrescar los cañones.
> RAFRAÎCHIR L'ÉTALINGURE = Enmendar la entalingadura.
> RAFRAÎCHIR UNE MANŒUVRE = Enmendar un cabo.

RAFRAICHISSEMENS POUR L'ÉQUIPAGE D'UN VAISSEAU = Refrescos para la tripulacion de un navío.

RAGUER = Rozar, Estar rozando.

RALINGUE = Relinga.
> RALINGUE DE CHUTE = Relinga de caida.
> RALINGUE DE FOND = Relinga del pujámen.
> RALINGUE DE TÊTIÈRE *ou* D'ENVERGURE = Relinga del gratil.

RALINGUER , *en parlant d'une voile orientée* = Relingar, Flamear ó Tocar.
> RALINGUER , *coudre les ralingues à une voile* = Empalomar.

RALLIEMENT , SIGNAL DE RALLIEMENT = Señal de union.
> RALLIEMENT GÉNÉRAL ET ABSOLU = Union.

RALLIER LA TERRE = Tomar la vuelta de tierra, Recalar sobre la tierra.

RALLIER UN VAISSEAU AU VENT = Reorzar un navío.

RAMBADE = Batallola, Mámparo.

RAME *ou* AVIRON = Remo.

FAIRE FORCE DE RAMES = Bogar arrancado, Bogar á todos remos, Halar ó Forzar por los remos.

LÈVE RAMES ! = Alza remos !

RAMER = Bogar.

RAMEURS = Remeros.

CANOT A *N* RAMEURS = Bote á *N* remeros.

RANCES, *courbes ou membrures que l'on applique sur le côté extérieur d'un vieux vaisseau pour consolider cette partie* = Curvas posteleras.

Nota. On a également donné ce nom à des planches de bois de sap, que l'on applique, pour le temps de l'armement seulement, sur le côté du vaisseau pour garantir les bordages extérieurs de déchirures causées par l'embarquement des futailles et de l'artillerie.

RANÇON = Rescate.

RANÇONNER = Rescatar.

ÊTRE RANÇONNÉ = Estar rescatado.

RANG DE CABLE = Andana de cable.

RANG DE CANONS *ou* UN CÔTÉ DE LA BATTERIE D'UN VAISSEAU = Andana de cañones.

VAISSEAU DU *N* RANG = Navío de *N* andana.

VAISSEAU DE PREMIER RANG = Navío de tres puentes.

RANGER UNE ARMÉE SUR *N* COLONNES = Ordenar una armada sobre *N* columnas.

RANGER UNE ARMÉE EN LIGNE = Ordenar una armada en línea.

Être rangé en ligne = Estar ordenado en línea.

Ranger la côte *ou* ranger la terre = Ir costeando ó atracado á la tierra.

Ranger un rocher = Atracarse á una piedra.

Se ranger a quai = Barloarse al muelle.

Le vent se range au Nord, au Sud = El viento empieza á soplar por la parte del Norte, del Sud.

RAPIQUER au vent = Orzar, Ceñir el viento.

RAPPELER les chasseurs = Llamar los cazadores.

RAQUE, pomme de raque *ou* de raçage (*véase* pomme).

RAS de carêne *ou* de calfat, *pont flottant* = Planchas de agua.

Ras de marée, lit de courant = Hilero de corriente.

Vaisseau ras = Navío plano.

Être dématé ras comme un ponton = Estar hecho una balsa.

RASÉ, vaisseau rasé = Navío rebaxado.

RASER un vaisseau = Rebaxar un navío.

RATEAU en poulie = Telera.

Rateau de vergue = Gimelga con ojos que se clava baxo de las vergas mayores por los envergues.

RATELIER d'armes = Armería.

Ratelier a chevillots = Mesa de maniobra con sus cabillas.

Ratelier a chevillots au-dessus du vindas = Arco sobre el molinete con sus cabillas.

Ratelier de corderie = Palo con ganchos para urdir las filásticas.

Ratelier de marionettes = Organo de poleas de vuelta.

RATION = Racion.

RATION DIMINUÉE *ou* RETRANCHÉE = Racion dismi-
nuida.

RATION PLEINE = Racion llena.

RÉA *ou* RIA (*véase* ROUET).

REBOUSSE = Botador.

REBUT, BOIS DE REBUT = Madera desechada.
CANON DE REBUT = Cañon desechado.

RECHANGE = Respeto.
CORDAGE DE RECHANGE = Xarcia de respeto.
MAT DE HUNE DE RECHANGE = Mastelero de respeto.
VOILE DE RECHANGE = Vela de respeto.

RÉCIF = Arrecife, Restinga.

RECONNAISSANCE, MARQUE A TERRE = Marca,
Marcacion.
SIGNAUX DE RECONNAISSANCE = Señales de recono-
cimiento.

RECONNAITRE UN BATIMENT A LA MER = Reconocer
un barco al mar.
RECONNAÎTRE L'ENNEMI = Reconocer el enemigo.
RECONNAÎTRE LA TERRE = Reconocer la tierra.

RECOURIR, VISITER LES MANŒUVRES = Enmendar ó
Recorrer el aparejo del navío.
RECOURIR DES COUTURES = Recorrer costuras.

RECUL DE CANON = Reculada del cañon.

REDRESSER UN VAISSEAU = Adrizar ó Enderezar un
navío.

REDRESSES, *appareil pour relever ou redresser un bâtiment abattu en carène* = Plumas de enderezar ó
adrizar.

RÉDUCTION DES ROUTES = Reducimiento de los rum-
bos, al rumbo directo.

QUARTIER DE RÉDUCTION = Quadrante de reduccion.

RÉDUITE, CARTE RÉDUITE = Carta esférica.

REFAIT, CORDAGE REFAIT = Cabo contrahecho ó de dos colchos.

REFONDRE UN VAISSEAU = Dar una carena de firme.

REFONTE D'UN BATIMENT = Carena de firme.

REFOULER UN COURANT = Navegar contra la corriente.
    REFOULER LA MARÉE = Ir ó Navegar contra el curso de la marea.

REFOULOIR DE CANON = Atacador.

RÉFRACTION DE LA LUMIÈRE = Refraccion de luz.

REFUSER = Escasear.
    LE VENT REFUSE = Escasea el viento.

RÉGLEMENS DE MARINE = Reglamentos de marina.

RELACHE = Escala, Surgidero puerto.

RELACHER, FAIRE ESCALE DANS UN PORT = Arribar, Tomar tierra.
    RELACHER POUR AFFAIRE = Dar en el puerto, Hacer escala.
    RELACHER PAR MAUVAIS TEMPS = Ir de arribada, Arribar, Tomar puerto, Dar en el puerto.

RELÈVEMENT, FAIRE UN RELÈVEMENT AU COMPAS = Marcar con la aguja.
    RELÈVEMENT DES PONTS = Arrufo de las cubiertas.

RELEVER, SONDER = Marcar, Sondar.
    RELEVER, METTRE A FLOT = Poner á flote.
    RELEVER AU COMPAS = Marcar con la aguja.
    RELEVER LES TERRES = Marcar la costa.
    RELEVER DEUX OBJETS L'UN PAR L'AUTRE = Marcar ó Tener dos marcaciones enfiladas.
    RELEVER UNE ANCRE = Zarpar un áncla.

Relever le quart = Rendir la guardia.

Relever le timonier = Rendir el timonel.

Se relever de la côte = Salir del empeño de la costa.

REMONTER une rivière = Ir rio arriba, Subir un rio.

Remonter une rivière en bordeyant = Subir un rio bordeando.

Remonter avec la marée = Subir con la marea.

REMORQUE = Remolque.

Porter une remorque = Llevar un remolque.

Larguer une remorque = Largar un remolque.

Prendre a la remorque = Tomar al remolque.

Cable de remorque = Cable de remolque.

REMORQUER un vaisseau, traîner un vaisseau en ouaiche = Remolcar un navio.

REMOUX d'un navire = Remolino de agua, Aguas del timon.

Remoux du courant = Reveza de corriente.

REMPLACEMENT d'objets consommés = Reemplazo.

REMPLACER des vivres = Reemplazar víveres.

Remplacer des voiles = Reemplazar velas.

REMPLISSAGE, pièce de remplissage = Enchimiento.

Pièces de remplissage pour faire des bas mats = Enchiduras.

Remplissage entre les jottereaux, frise de l'éperon = Taco ó Moldura entre las curvas bandas.

RENARD, grande tenaille en fer = Pie de cabra.

Renard des pilotes = Rosa.

Renards a embarquer les bois ou a les débarquer = Perros.

RENCONTRER AVEC LA BARRE = Poner la caña en contra.
RENCONTRER UN VAISSEAU = Encontrar un navío.

RENDEZ-VOUS = Rendez-vous.

RENDRE UN VAISSEAU A L'ENNEMI, AMENER PAVILLON = Arriar bandera, Entregarse al enemigo.
SE RENDRE A BORD = Irse á bordo.

RENFORT DE TOILE = Refuerzo de tela.
LE PREMIER ET LE SECOND RENFORT DES CANONS = El primer y segundo refuerzo de los cañones.

RENTRÉE DES ŒUVRES MORTES D'UN VAISSEAU = Recogimiento.

RENTRER LES CANONS = Trincar los cañones.

RENVERSÉ, COMPAS RENVERSÉ = Aguja de cámara.
HILOIRE DU PONT, HILOIRE RENVERSÉE = Cuerda, Elsora de la cubierta.
LIGNE RENVERSÉE = Línea inversa.
ORDRE RENVERSÉ = Orden inverso.

RÉPARER LE GRÉEMENT *ou* LA VOILURE D'UN VAISSEAU QUI A ÉTÉ DÉSEMPARÉ, *etc.* = Reparar el aparejo de un navío desamparado.

RÉPÉTER LES SIGNAUX = Repetir las señales.

RÉPÉTITEUR, BATIMENT RÉPÉTITEUR, RÉPÉTITEUR DES SIGNAUX = Repetidor de las señales, Barco repetidor.

RÉPONDRE A DES SIGNAUX = Responder á las señales.

REPOUSSER DES CHEVILLES = Echar pernos fuera, Rebujar unos pernos.

REPOUSSOIR, *outil de perçeur* = Botador.

REPRENDRE AU CABESTAN, LEVER LES TOURS EN HAUT = Enmendar al cabrestante, Suspender las vueltas por arriba.

Reprendre des haubans = Emmendar, Tiezar obenques.

Reprendre un palan = Emmendar un aparejo.

Reprendre son poste = Volver á tomar su puesto.

REPRÉSAILLES = Represallas.

REPRIS, vaisseau repris = Navío recobrado.

RÉSERVE, corps de réserve = Cuerpo de reserva.

RÉSINE = Resina.

RÉSISTANCE de l'eau = Resistancia del agua.

RESSAC = Resaca.

RESTER de l'arrière = Quedar atras.
Rester sur un pied d'ancre = Quedarse sobre un áncla.

RÉTABLIR la ligne de combat = Restablecer la línea de combate.

RETENUE pour carène = Retenida, Trapa.

RETOUR, tenir en retour, tenir bon dessous = Aguantar socaire.
Retour d'un vaisseau = Retorno de un navío.
Batiment en retour = Barco en retorno.

RETRAITE d'armée = Retirada de armada.
Ordre de retraite = Orden de retirada.
Canons de retraite = Guardatimones.
Coup de canon de retraite = Cañonazo de retreta.

RETRANCHER le quart de la ration = Ponerse á quarta parte de racion.
Retrancher les vivres = Quitar la racion.

REVERS, alonge de revers = Pieza de revés.
Bouline de revers = Bolina de revés.
Écoute de revers = Escota de revés.

REVERSER, *en parlant de la mer* = Repuntar.

LA MER REVERSE = Repunta la mar.

REVERSER, *mettre d'un bâtiment sur un autre* = Transbordar.

REVOLIN = Remolino de viento, Derrame de viento, Raza de viento.

REVUE D'ÉQUIPAGE = Revista de tripulacion.

RHUMB DE VENT (*véase* RUMB).

RIBOMBORDER, LOUVOYER = Bordear.

RIBORD = Aparadura.

RIDE D'ÉTAI *ou* DE HAUBAN = Acollador.

RIDES = Acolladores.

RIDER, SAISIR, *en général* = Trincar, Tiezar.

RIDER LES HAUBANS = Tiezar los obenques, Tiezar la obencadura.

RINGEOT (*véase* BRION).

RINGOT SUR L'ESTROPE D'UNE POULIE = Arraygado, Estribo de un moton.

RIPER = Dar lascones.

RIS ET GARCETTE DE RIS = Rizo.

BANDE DE RIS = Faxa de rizos.

ÊTRE AU BAS RIS = Navegar con tres andanas de rizos.

PRENDRE UN RIS = Tomar un rizo.

PRENDRE DES RIS = Tomar rizos.

RISÉE = Ráfaga de viento.

RISER, AMENER UN HUNIER = Arriar gavia.

RISSER LA CHALOUPE SUR LE PONT = Trincar la lancha.

RISSES DE LA CHALOUPE = Bozas para trincar la lancha.

RIVAGE DE LA MER, LA PLAGE = La costa.

RIVAGE D'UNE RIVIÈRE = Ribera.

RIVER

RIVER une cheville = Remachar un perno.

RIVIÈRE = Rio.

La rivière a débâclé = El hielo del rio se rompe.

ROCHE = Roca, Piedra.

La roche gît a tel aire de vent = La piedra está á tal rumbo.

Banc de roches = Arrecife, Baxío, Restinga, Banco de rocas.

ROCHERS = Peñascos, Escollos.

ROIDIR, abraquer = Tiezar.

ROLE d'un batiment marchand = Role.

Rôle d'un batiment de guerre = Lista de la tripulacion.

Rôle de combat = Lista de combate.

Rôle de quart = Lista de guardia.

ROMBAILLET ou romaillet = Rumbo de madera.

Romaillet a demi-bois = Rumbo sobresano.

ROMPRE un mat = Romper un palo.

Se rompre, prendre de l'arc = Quebrantarse.

Batiment rompu = Barco quebrantado.

Rompre une ligne = Romper una línea.

RONCER = Rouzar.

ROSE de compas ou de la boussole = Roseta ó Rosa de la aguja.

Bridure de rose = Ligadura de rosa.

Roses ou femelots de gouvernail = Hembras del timon.

ROUANE = Compaso con ganchos.

ROUE de gouvernail = Rueda del timon.

ROUER un cable = Adujar un cable.

Rouer une manœuvre = Adujar un cabo, Zafar un cabo.

ROUER A TOUR *ou* AVEC LE SOLEIL = Adujar derecho ó con el sol.

ROUER A CONTRE = Adujar contra el sol.

ROUET *ou* RÉA D'UNE POULIE = Roldana.

ROUETS DE GAYAC A DÉS DE FONTE = Roldanas de palo santo con almas de bronce.

ROUET, TOUR, RETORSOIR = Rueda.

ROULEAU *pour empêcher le frottement à bord* = Molinete.

ROULEAU *pour mettre sous de grosses pièces que l'on veut changer de place* = Polines ó Poreles.

ROULER = Balancear.

ROULEUR, BATIMENT ROULEUR = Barco balanceador.

ROULIS = Balance.

ROUSTER *ou* FAIRE UNE ROUSTURE = Trincar, Arreatar.

ROUSTURE FAITE SUR UN MAT = Reata.

ROUSTURES FAITES ENTRE LES CERCLES DES BAS MATS = Reatas de los palos mayores.

ROUSTURES DU JAS D'ANCRE = Trincas del cepo del áncla.

ROUTE D'UN BATIMENT = Derrota, Rumbo de un barco.

A LA ROUTE! = Gobierna al rumbo!

EN ROUTE *ou* DÉFIE LES EMBARDÉES! = Sujecion á la embarcacion!

METS LE CAP EN ROUTE! = Pon la proa en camino!

ROUTE APPARENTE = Rumbo aparente.

ROUTE COMPLIQUÉE = Derrota compuesta.

ROUTE CORRIGÉE DE LA DÉRIVE ET DE LA VARIATION DE L'AIGUILLE = Rumbo verdadero ó Rumbo corregido de abatimiento y variacion de la aguja.

ROUTE DIRECTE = Rumbo directo.

ROUTE ESTIMÉE = Rumbo estimado.

ROUTE OBLIQUE = Rumbo obliquo, Derrota obliqua.

FAIRE FAUSSE ROUTE = Hacer falso rumbo.

POINTER LA ROUTE = Echar el punto en la carta.

ROUTIER, LIVRE ROUTIER, RECUEIL DE CARTES MARINES = Derrotero.

RUMB DE VENT, AIRE DE VENT = Rumbo de viento.

SAB

SABATTE DE L'ANCRE (*véase* SAVATTE).

SABLE, MANGER DU SABLE = Robar arenilla.

SABLE MOUVANT = Arena movediza.

SABLIER, HORLOGE = Ampolleta.

SABLIER D'UNE HEURE = Ampolleta de una hora.

SABORD = Porta.

SABORD DANS LA CALE D'UN VAISSEAU A EMBARQUER DU LEST, SABORD DE CHARGE = Porta de recibo.

SABORDS DES AVIRONS = Portas de los remos.

SABORDS DE LA N BATTERIE = Portas de la N batería.

SABORDS DES CHAMBRES D'OFFICIERS = Portas de luz.

SABORDS DE CHASSE = Portas de las miras de proa.

SABORDS DE GAILLARD D'ARRIÈRE = Portas del alcázar.

SABORDS DE GAILLARD D'AVANT = Portas del castillo de proa.

SABORDS DE RETRAITE DE LA SAINTE-BARBE = Guarda-timones, Portas de las miras de popa.

FERMER LES SABORDS = Cerrar las portas.

METTRE LA BATTERIE AUX SABORDS = Poner ó Meter los cañones en batería.

FAUX-SABORDS *ou* FAUX-MANTELETS = Arandelas de la artillería, Gualdrines.

MANTELET DE SABORD = Porta.

TOUS LES MANTELETS DE SABORD = La portería.

SABRE = Sable, Alfanje.

SACS DE TOILE REMPLIS D'ÉTOUPE, POUR FAIRE L'OFFICE DE TAMPONS D'ÉCUBIERS = Sacos ó Tacos de estopa por los escobenes.

SAFRAN DU GOUVERNAIL = Azafran del timon.

SAILLER, HALER MAIN SUR MAIN = Sallar ó Halar á la leva leva.

SAILLE! OH, SAILLE! = Salla! Oh, salla!

SAILLER *ou* HALER LES BOULINES = Halar ó Sallar bolinas.

SAIN, SAINE, CÔTE SAINE = Costa limpia.

SAINTE-BARBE = Santa Bárbara.

SAÏQUE, *espèce de bâtiment turc* = Saica.

SAISINES, FAUSSES CARGUES *ou* ÉGORGEOIRS POUR ÉTOUFFER UNE VOILE = Trapas de una vela.

SAISIR LE CABLE, UNE ANCRE = Trincar el cable, un áncla.

SALAISONS = Saladuras.

SALUER = Saludar.

SALUER, FAIRE UNE SALVE D'ARTILLERIE = Hacer salva.

SALUER DE *N* COUPS DE CANON = Hacer salva de *N* cañonazos.

SALUT = Saludo, Salva.

RENDRE LE SALUT = Resaludar.

SALVE D'ARTILLERIE = Salva de artillería.

SANCIR = Llenarse de agua.

LE BATIMENT A SANCI = El barco se ha llenado de agua.

SANGLES, *espèces de tresses* = Palletes.

SAQUETS DE MITRAILLE = Saquetes de metralla.

SAUCIER *ou* ÉCUELLE DU CABESTAN = Tajuelo del cabrestante.

SAUF-CONDUIT = Pasavante.

SAUMATRE, EAU SAUMATRE = Agua salobre.

SAUMONS DE FER POUR LEST = Lingotes de hierro para lastre.

SAUTE DE VENT = Contraste de viento, Travesía de viento.

SAUTER EN L'AIR = Volar.
   SAUTER A L'ABORDAGE = Ir al abordage.

SAUVE-GARDE DE BEAUPRÉ *ou* GARDE-CORPS = Guardamancebo del bauprés.
   SAUVE-GARDES *ou* MARCHEPIEDS POUR LE DOS, CORDES SERVANT AUX MATELOTS A SE TENIR SUR LES VERGUES = Gardamancebos altos del amantillo á la ustaga.
   SAUVE-GARDES *ou* TIRE-VEILLES DE L'ÉCHELLE HORS LE BORD = Guardamancebos del portalon.
   SAUVE-GARDES DE GOUVERNAIL = Varones del timon, Guardas del timon.

SAUVE-RABANS = Ronadas de las vergas.

SAUVER = Salvar.

SAUVETAGE, BOUÉE DE SAUVETAGE = Guíndola.

SAVATTE D'UNE ANCRE = Zapata del áncla.

SCIE = Sierra.
   SCIE A COUPER LES BOUTS DES CHEVILLES = Sierra para cortar hierro.
   SCIE A REFENDRE = Sierra bracera.
   SCIE A SCIER DE LONG = Sierra para aserrar al hilo.
   SCIE A TENON, SCIE A POING = Serrote, Sierra de mano.

SCIER AVEC LES AVIRONS = Ciar.
   SCIE BABORD! = Cia babor!

SCIE TRIBORD! = Cia estribor!

SCIE A CULER! = Cia á recular!

SCIER DU BOIS = Aserrar.

SCIEUR DE LONG = Aserrador.

SCORBUT = Escorbuto.

SCULPTURE DE VAISSEAU = Escultura de navío.

SEAU DE BOIS = Cubo.

SEAU DE CUIR = Balde.

SEC, COURIR A SEC, COURIR A MATS ET A CORDES = Navegar á palo seco.

METTRE LES VOILES AU SEC = Poner las velas á secar.

SÈCHE, BAS-FOND = Banco, Baxío.

SÈCHE, VERGUE SÈCHE *ou* BARRÉE = Verga seca.

SÉCHER L'EAU DE DESSUS LE PONT AVEC UN FAUBERT = Enxugar el agua.

SECOND D'UN BATIMENT = El Segundo de un barco.

SELLE DE CALFAT = Banqueta de calafate.

SEMAQUE *ou* SMACK = Queche.

SEMELLE D'ANCRE (*véase* SAVATTE).

SEMELLE DE DÉRIVE, AILE DE DÉRIVE = Orza.

SENAU = Paquebote.

SENTINE *ou* GOUTIÈRE D'UN CANOT = Escotillon en las penas de un bote para esgotar el agua.

SENTINELLE = Centinela.

SEP DE DRISSE DU GRAND MAT = Escotera *ó* Maimoton mayor.

SEP DE DRISSE DE MISAINE = Escotera de trinquete.

SEP DE DRISSE D'ARTIMON = Escotera de mesana.

SEPS DE DRISSE, MONTANS DE BITTES D'ÉCOUTES = Guindastes *ó* Avitones al pie de un palo.

SÉPARATION = Separacion.

SÉPARER, SE SÉPARER D'UNE ARMÉE = Apartarse de una armada.
VAISSEAU SÉPARÉ = Navío apartado.

SERPENTEAU = Culebra.

SERPENTER DEUX CORDAGES, METTRE DES SERPENTEAUX = Aculebrar dos cabos.

SERRE, CANONS A LA SERRE = Artillería batiportada.
METTRE LA BATTERIE A LA SERRE = Batiportar la artillería.

SERRE-BAUQUIERE = Contradurmiente.

SERRE-BOSSE = Boza de uña.

SERRE-FILE = Cola.
LE VAISSEAU SERRE-FILE = El navío cola.

SERRE-GOUTIÈRE = Contratrincanil.

SERRER, SE SERRER = Apretarse.
SERRER LA LIGNE = Estrechar las distancias.
SERRER LA TERRE = Acercar la tierra.
SERRER LE VENT = Ceñir el viento.
SERRER LES VOILES = Aferrar velas.

SERVIR, FAIRE SERVIR, ORIENTER UNE VOILE = Marear una vela.

SEUILLET DE SABORD = Batiporte.
SEUILLETS D'EN HAUT = Batiportes altos ó superiores.
SEUILLETS D'EN BAS = Batiportes de abaxo.

SEXTANT = Sextante.

SIFFLER, COMMANDER AU SIFFLET = Pitar, mandar con el pito.

SIFFLET = Pito.

SIGNAL = Señal.

Sɪɢɴᴀʟ ᴅ'ᴀᴘᴘᴇʟ ᴅ'ᴜɴ ᴄᴀɴᴏᴛ ᴀ ʙᴏʀᴅ = Señal para llamar un bote á bordo.

Sɪɢɴᴀʟ ᴅ'ᴀᴛᴛᴇɴᴛɪᴏɴ = Señal de atencion.

Sɪɢɴᴀʟ ᴅᴇ ᴄᴏᴍʙᴀᴛ = Señal de combate.

Sɪɢɴᴀʟ ᴅᴇ ᴅɪsᴛɪɴᴄᴛɪᴏɴ = Señal de distincion.

Sɪɢɴᴀʟ ᴅ'ɪɴᴄᴏᴍᴍᴏᴅɪᴛé, ᴅᴇ ᴅéᴛʀᴇssᴇ = Señal de incomodidad.

Sɪɢɴᴀʟ ᴅᴇ ᴘᴀʀᴛᴀɴᴄᴇ = Señal de partida.

SIGNAUX ᴀ ʟ'ᴀɴᴄʀᴇ = Señales al áncla.

Sɪɢɴᴀᴜx ᴅ'ᴀɴɴᴜʟʟᴇᴍᴇɴᴛ ᴅᴇ sɪɢɴᴀᴜx = Señales de anulacion.

Sɪɢɴᴀᴜx ᴅᴇ ʙʀᴜᴍᴇ = Señales de niebla ó de bruma.

Sɪɢɴᴀᴜx ᴀᴠᴇᴄ ᴅᴇs ᴄᴏᴜᴘs ᴅᴇ ᴄᴀɴᴏɴ = Señales con cañonazos.

Sɪɢɴᴀᴜx ᴀᴠᴇᴄ ᴅᴇs ꜰᴀɴᴀᴜx *ou* ᴅᴇs ꜰᴇᴜx = Señales con faroles ó fuegos.

Sɪɢɴᴀᴜx ᴀᴠᴇᴄ ᴅᴇs ꜰᴜséᴇs = Señales con cohetes.

Sɪɢɴᴀᴜx ᴅᴇ ᴊᴏᴜʀ = Señales de dia.

Sɪɢɴᴀᴜx ᴅᴇ ɴᴜɪᴛ = Señales de noche.

Sɪɢɴᴀᴜx ɴᴜᴍéʀᴀɪʀᴇs = Señales numerarios.

Sɪɢɴᴀᴜx ᴀᴠᴇᴄ ᴅᴇs ᴘᴀᴠɪʟʟᴏɴs = Señales con banderas.

Sɪɢɴᴀᴜx ᴅᴇ ʀᴇᴄᴏɴɴᴀɪssᴀɴᴄᴇ = Señales de reconocimiento.

Sɪɢɴᴀᴜx ᴅᴇ ʀᴏᴜᴛᴇ = Señales de derrota.

SILLAGE ᴅ'ᴜɴ ʙᴀᴛɪᴍᴇɴᴛ = Estela de un barco.

Fᴀɪʀᴇ ᴜɴ ʙᴏɴ sɪʟʟᴀɢᴇ = Hacer una buena estela.

Iʟ ɴ'ʏ ᴀ ᴘᴏɪɴᴛ ᴅᴇ sɪʟʟᴀɢᴇ = No hay estela.

SINGE *ou* ᴠɪʀᴇᴠᴀᴜᴛ = Molinete.

SINGLER (*véase* ᴄɪɴɢʟᴇʀ).

SOLDATS ᴅᴇ ᴍᴀʀɪɴᴇ *ou* ᴛʀᴏᴜᴘᴇs ᴅᴇ ᴍᴀʀɪɴᴇ = Soldados de marina ó Tropas de marina.

SOLDE des marins = Sueldo ó Soldada de los marineros.

SOLE d'affut = Solera de cureña.

Sole de l'ancre = Zapata del áncla.

Sole d'un taquet a oreilles = Concha de una cornamusa.

Soles du berceau = Basos de cuna.

SOMBRER sous voiles, chavirer = Zozobrar.

SOMMIER de sabord, seuillet de sabord = Batiporte de arriba.

SONDE, ligne de sonde = Sondaleza.

Plomb de sonde = Escandallo.

Jeter la sonde = Dar fondo al escandallo.

Être *ou* arriver sur la sonde = Tomar la sonda.

Les sondes = Las sondas.

Sonde de pompe = Sondaleza de bomba.

SONDER, jeter la sonde = Sondar ó Sondear.

Sonder une pièce de bois = Sondar madera.

Sonder la pompe = Sondar la bomba.

SONNER la cloche = Tocar, Picar la campana.

SORTIR d'un port = Salir á la mar, Salir de un puerto.

Sortir de la ligne = Salir de la línea.

SOUFFLAGE = Embono.

SOUFFLER un batiment = Embonar un barco.

Souffler les canons = Limpiar las piezas con pólvora.

SOUILLE que se fait un batiment échoué sur la vase = Cama de un barco.

SOUQUER = Asocar ó Socar.

SOURDE, lame sourde = Mar sorda, Mar de pie.

SOUS le vent = Sotavento.

SOUS voile, être sous voile = Estar á la vela.

    Tenir bon dessous voile = Aguantar socaire.

SOUS-BARBE de beaupré = Barboquejo.

SOUS-COMMISSAIRE de la marine = Sub-Comisario de marina.

SOUTE = Pañol.

    Soute du commis des vivres = Pañol del maestro de víveres.

    Soute au fromage = Pañol del queso.

    Soute aux hardes = Pañol de popa.

    Soute du maître = Panol del contramaestre.

    Soute du maître canonnier = Pañol del condestable.

    Soute a pain ou au biscuit = Pañol del pan ó de galleta.

    Soute a poudre = Pañol de la pólvora.

    Soute aux vivres = Pañol de los víveres.

    Soute aux voiles = Pañol de las velas.

SOUTENIR les chasseurs = Reforzar los cazadores.

    Se soutenir contre un courant = Sostenerse contra la corriente.

STABILITÉ d'un vaisseau = Estabilidad de un navío.

STARIE = Dias de demora.

    Paiement pour la starie ou le retardement = Pagamento ó Pago por los dias de demora.

STATION = Armadilla.

    Batiment en station = Barco de armadilla.

    Être en station = Estar de armadilla.

STOP! = Top!

STROMBEAU ou tromblon = Esmeril.

SUBRÉCARGUE (véase super-cargue).

SUD = Sur ó Sud.

    Sud quart sud-ouest = Sud quarto Sud-Oeste.

Sud sud-ouest = Su-Sud-Oeste.

Sud-ouest quart de sud — Sud-Oeste quarto al Sud.

Sud-ouest = Sud-Oeste.

Sud-ouest quart d'ouest = Sud-Oeste quarto al Oeste.

Ouest sud-ouest = Oes-Sud-Oeste.

Ouest quart sud-ouest = Oeste quarto al Sud-Oeste.

Vent de sud = Viento Sur.

SUIF, donner un suif = Dar sebo.

SUPER, aspirer = Llamar.

La pompe supe = Llama la bomba.

SUPER-CARGUE = Sobrecarga.

SUR = Sobre.

Être sur le côté = Estar tumbado, Estar sobre el costado.

Être sur les roches = Estar sobre las piedras.

Être *ou* arriver sur la sonde = Tomar la sonda.

Voiles sur le mat = Velas sobre el palo.

Avoir les voiles sur le mat, *en parlant des barques latines qui courent le faux-bord* = Tener falso bordo.

Mettre les voiles sur les fils de caret = Enjuncar las velas.

SURCHARGER = Sobrecargar.

Vaisseau surchargé = Navío sobrecargado.

SURJALER = Encepar.

Ancre surjalée = Ancla encepado.

SURLIER un cordage, un cable, etc. = Falcacear una xarcia, un cable, etc.

SURLIURE = Falcaceo.

SURVENTER = Ventear por turbonalas.

SUSPENTE de la civadière = Arretranca.

Suspente d'une vergue = Boza de una verga, Estrobo en la cruz de una verga.

TABLE DE LOCH, CASERNET, JOURNAL = Quaderno ó Quadernillo de bitácora.

TABLEAU DE POUPE = Coronamiento de popa, Caperol.

TABLIER DE HUNIER = Batidero de gavia.

TABLIER DES VOILES = Batidero de las velas.

TACTIQUE NAVALE = Táctica naval.

TAILLE-MER, LA GUIBRE *ou* LA PARTIE INFÉRIEURE = Tajamar.

TAILLE-VENT, VOILE D'UN CHASSE-MARÉE = Treo ó Vela de fortuna.

TAILLER DES VOILES = Cortar velas.

TALON DE L'ÉTAMBOT, TALON DE LA QUILLE = Zapata del codaste.

TALON D'UN MAT DE HUNE = Coz de un mastelero.

TALON D'UNE POULIE = Coz de un moton.

TALONNER = Dar culadas.

TAMBOUR DE L'ÉPERON = Batidero.

TAMISAILLE = Descanso de la caña del timon ó Medio punto de la Santa Bárbara.

TAMPON POUR BOUCHER UN TROU DE BOULET = Tapa balazo.

TAMPONS D'ÉCUBIERS = Tacos para escobenes.

TANGAGE = Cabezada ú Orfada.

Nota. Ce dernier mot exprime particulièrement l'élévation que prend l'avant d'un bâtiment enlevé par la lame.

TANGON = Pescante de los botes.

TANGUER = Dar cabezadas, Cabecear.

TANGUER SUR SON ANCRE, FATIGUER BEAUCOUP AU MOUILLAGE = Estar cabeceando, Cabecear sobre el áncla.

LE VAISSEAU TANGUE SUR SON ANCRE = El navío está cabeceando sobre el áncla.

TAPER LES CANONS = Poner corchas á los cañones.

TAPES DE CANONS = Corchas de cañones.

TAQUET DE LA BARRE DU GOUVERNAIL = Uña de la caña del timon.

TAQUETS DE BEAUPRÉ *ou* VIOLONS DE BEAUPRÉ = Aletas *ú* Orejas del bauprés.

TAQUETS DE LIURES DE BEAUPRÉ = Tacos de las trincas del bauprés.

TAQUETS DES BITTES = Tojinos de las bitas.

TAQUETS *ou* FLASQUES DE CABESTAN = Guardinfantes.

TAQUETS DE CLOUX = Taquetes ó Tojinos por los clavos.

TAQUETS A CORNES *ou* A BRANCHES = Maniguetas.

TAQUETS D'ÉCHELLE *ou* ÉCHELON = Pasos de escalera.

TAQUET *ou* DAGUE D'ÉCOUTE = Castañuela de escota.

TAQUETS DES ÉLINGUETS = Tojinos de los linguetes.

TAQUETS DES FLASQUES = Tojinos de las carlingas.

TAQUETS DE FUTAILLES = Calzos de pipas.

TAQUET DE GORGÈRE = Roda del branque ó Gorja.

TAQUETS GOUGÉS *ou* ÉCUBIERS DES ÉCOUTILLES = Escobenes de las escotillas.

TAQUETS DE HAUBANS = Maniguetas de obenques.

TAQUETS DE HUNE = Tacos de cofa.

TAQUETS DE MATS = Mesas de maniobra ó Maniguetas de los palos.

TAQUETS DE NAGE, DAMES, TOLLETIÈRES = Toletes, Tojinos de remos.

TAQUETS A OREILLES, TAQUETS DE TOURNAGE = Cornamusas.

TAQUETS DE RACAGE = Tojinos de racamento.

TAQUETS RONDS, ANNEAUX DE BOIS = Tacos redondos, Arcos de leño.

TAQUETS SIMPLES, TAQUETS EN GRAIN D'ORGE = Tacos simples, Cuños.

TAQUETS DE VERGUE, JUMELLES DE BRASSEYAGE = Gimelgas de la cruz de las vergas.

TAQUETS DE BOUT DE VERGUE *ou* DE POINTURE DE RIS = Tojinos del penol.

Nota. On nomme *Tojino* toute espèce de *Taquet* dont on se sert pour empêcher quelque chose d'aller au roulis, soit qu'il soit cloué ou pratiqué sur une vergue ou sur la tête d'un mât pour soutenir un raban d'envergure ou un capelage.

TARRIÈRE = Barrena, Taladro.

TARTANE = Tartana.

TAMBOUR, BRAS, GENOU *ou* MANCHE D'UN AVIRON = Guion de un remo.

TÉMOINS D'UNE PIÈCE DE CORDAGE = Testigos de una pieza de xarcia.

TEMPÊTE = Temporal, Tormenta, Borrasca.

TEMPÊTE HORRIBLE = Borrasca furiosa.

LA TEMPÊTE CESSE, S'APPAISE = El tiempo ó el viento abonanza.

TEMPS = Tiempo.

BEAU TEMPS = Buen tiempo.

MAUVAIS TEMPS = Mal tiempo.

GROS TEMPS *ou* TEMPS VENTEUX = Tiempo duro.

TEMPS DE GRAINS = Tiempo borrascoso.

TEMS GRAS, BRUMEUX = Tiempo embromado.

TEMPS MANIABLE = Tiempo manejable.

TEMPS PEU MANIABLE = Tiempo poco manejable, Tiempo duro.

TEMPS A PERROQUETS = Viento de juanetes.

TENAILLE = Tenaza.

TENAILLE A ARRACHER LES CHEVILLES D'UN VAISSEAU = Tenaza para tirar los pernos de un navío.

TENAILLE DE BOIS = Especie de tenaza para encorvar tablones.

TENDELET, TENTE DE NAGE POUR UN CANOT = Toldo para un bote.

TENIR LES GRÈS, RIDER LES HAUBANS = Tiezar la obencadura.

TENIR LA MER = Quedarse á la mar, Tener la mar.

TENIR EN RETOUR, TENIR BON DESSOUS VOILE = Aguantar socaire.

TENIR EN RALINGUE = Ir tocando, Ir flameando.

TENIR EN TRAVERS = Estar atravesado.

TENIR LE VENT *ou* LE LOF, D'UN VAISSEAU = Ceñir el viento ó Guardar el barlovento de un navío.

TENON DES BIGUES = Tijera.

TENON D'UN MAT = Calces, Espiga.

LES TENONS DE L'ANCRE = Los machos del áncla, Las orejas del áncla.

TENTE DE NAGE POUR UN CANOT *ou* UNE CHALOUPE = Toldo para un bote ó una lancha.

TENTE DE LA DUNETTE = Carroza de la toldilla.

TENTE SUR LE GAILLARD D'ARRIÈRE = Carroza sobre el alcázar.

TENUE, FOND DE BONNE TENUE, BON FOND = Fondo tenidero, Fondo bueno.

FOND DE MAUVAISE TENUE = Fondo blando.

TERMES, PLAT-BORD = Regala ó Borda del coronamiento de popa.

TERMES DE MARINE = Términos de marina.

TERRE = Tierra.

ARRIVER A TERRE = Arribar á tierra.

COURIR SUR LA TERRE = Acercarse de la tierra.

ÉLONGER LA TERRE = Prolongar la tierra.

RECONNOÎTRE LA TERRE = Reconocer la tierra.

TERRE DE BEURRE = Falso visage de tierra.

TERRE EMBRUMÉE = Tierra cargada.

TERRE-HAUTE, GROSSE TERRE = Tierra alta.

TERRE AU VENT = Tierra á barlovento.

TERRE SOUS LE VENT = Tierra á sotavento.

LA TERRE SE PERD DE VUE = La tierra se pierde de vista, Se obscurecio la tierra.

BRISE DE TERRE = Viento terral ó de tierra.

TÊTE D'UN BORDAGE = Cabeza de una tabla.

TÊTE DU CABESTAN, CAPOT DU CABESTAN = Sombrero del cabrestante, Cabeza del cabrestante.

TÊTE DU GOUVERNAIL = Cabeza del timon.

TÊTE D'UN CAP DE MOUTON = Culo de una vigota.

TÊTE D'UN MAT = Tope de un palo, Espiga de un palo.

TÊTE DES MATS DE HUNE = El tope de los masteleros.

TÊTES DES ALONGES DE REVERS = Posturas, Escalamotes.

TÊTES DE VARANGUE = Escoas.

FAIRE TÊTE = Hacer cabeza.

FAIRE TÊTE AVEC LE CABLE = Hacer con el cable.

FAIRE TÊTE, *en parlant d'une amarre* ou *d'un cable* = Aguantar la estrepada.

TÊTIÈRE, RALINGUE DE TÊTIÈRE = Relinga del gratil.

TEÜGUE, CABANNE, CAROSSE SUR UNE DUNETTE = Chopeta.

TILLAC, PONT D'UN BATIMENT = Cubierta.

TILLE D'UN BATEAU = Pañol de un bote.

TILLE DE L'AVANT = Pañol de proa.

TILLE DE L'ARRIÈRE = Pañol de popa.

TIMON *ou* BARRE DE GOUVERNAIL = Caña del timon.

TIMONIER = Timonel.

TINS *ou* CHANTIERS POUR EMBARCATIONS = Calzos.

TINS POUR UN GRAND BATIMENT EN CONSTRUCTION = Picaderos.

TIRANT D'EAU D'UN VAISSEAU = El calado de un navío, Agua que cala el navío.

TIRANT D'EAU DE L'AVANT = Calado de proa.

TIRANT D'EAU DE L'ARRIÈRE = Calado de popa.

LA MARQUE DU TIRANT D'EAU = Los pies del codaste y de la roda que indican quanto cala el navío.

DIFFÉRENCE DU TIRANT D'EAU = Diferencia del calado.

NAVIGUER SANS DIFFÉRENCE DE TIRANT D'EAU = Navegar sin diferencia de calado.

TIRE-BOURRE = Sacatrapos.

TIRE-VEILLES DE L'ÉCHELLE SUR LE BORD = Guardamancebos del portalon, del costado, de la escala.

TIRER UN BATIMENT A TERRE = Varar un navío á tierra.

TIRER UN COUP DE CANON, ENVOYER UN COUP DE CANON = Tirar un cañonazo.

TIRER *N* PIEDS D'EAU = Calar *N* pies de agua.

TOILE A VOILE = Lona.

TOILE ÉCRUE = Lona de Vitre.

TOILE DE RUSSIE = Lienzo de Rusia.

TOILE POUR FOURRURE = Precintas para forrar los cabos.

TOILE DE POINTE D'UNE VOILE = Cuchillo de una vela.

TOLET DE NAGE = Tolete; *pluriel* Toletes.

TOLET DE TOURNAGE, CABILLOT DE TOURNAGE = Cabilla.

TOLETIÈRE, PORTE-TOLET = Chumacera.

TOMBER SOUS LE VENT, DÉRIVER = Irse á la ronza, Caer á sotavento, Sotaventarse.

LE VENT TOMBE, LE VENT MOLLIT = El viento se va afloxando, Afloxa el viento.

TOMBER A LA MER DU BORD D'UN VAISSEAU = Caer en el mar de á bordo de un navío.

LA MER TOMBE = El mar se va calmando.

TOMBER, DÉRIVER SUR UN BATIMENT = Caer encima de un barco.

LAISSER TOMBER L'ANCRE, MOUILLER = Dar fondo al áncla.

LAISSER TOMBER LES BASSES VOILES = Descargar las mayores.

LAISSER TOMBER LA GRANDE VOILE *ou* LA MISAINE = Descargar la mayor *ó* el trinquete.

Nota. *Descargar* ne s'emploie dans ce sens que lorsqu'on est grand largue.

TON DES MATS = Calces, Espiga.

TONNE, BOUÉE = Boya.

TONNEAU = Tonelada.

Nota. La *tonelada* espagnole pèse 2000 livres poids de Castille; il faut 107 livres de Castille pour faire un quintal de France.

BATIMENT DE 300 TONNEAUX = Barco de trescientas toneladas.

TONNELERIE = Obrador de pipería.

TONNELIER = Tonelero, Cubero.

TONTURE, RELÈVEMENT DES PONTS = Arrufo.

TONTURER = Dar arrufo.

TORON D'UN CORDAGE = Cordon.

CORDAGE A *N* TORONS = Xarcia de *N* cordones.

PIÈCE DE CORDAGE EN HAUSSIÈRE A QUATRE TORONS = Pieza de guindaleza de á quatro cordones.

TOP! = Top! Topo!

TORS, COMMIS = Colchado.

CORDAGE TROP TORS = Xarcia que tiene mucho colche, Xarcia demasiado colchada.

TOUCHER, RELACHER POUR AFFAIRE = Hacer escala.

Toucher, RELACHER PAR MAUVAIS TEMPS = Ir de arribada, Arribar.

TOUCHER LE FOND = Barrar, Tocar.

TOUCHER ou ÉCHOUER SUR UNE ROCHE = Barrar encima de una piedra.

TOUÉE = Espia, Ayuste de dos calabrotes.

ÉLONGER UNE TOUÉE = Extender una espia.

CABLE DE LA GRANDE TOUÉE = Cable del ayuste.

TOUER UN BATIMENT = Atoar ó Halar un barco.

SE TOUER = Espiarse, Extender espia.

TOULET (*véase* TOLET).

TOUPIN ou COCHOIR = Serrador.

TOUR = Vuelta.

DEMI-TOUR = Media vuelta, Cruz.

AVOIR UN DEMI-TOUR DANS LES CABLES = Tener cruz en los cables.

AVOIR DES TOURS DANS LES CABLES = Tener vueltas en los cables.

DÉPASSER LES TOURS DU CABLE = Quitar vueltas al cable.

PRENDRE UN TOUR AVEC LE CABLE A LA PATTE DE L'ANCRE = Desarumar.

TOUR MORT = Vuelta redonda.

PRENDRE ou FAIRE TOUR MORT SUR LE CABLE AVEC LA TOURNEVIRE = Tomar margarita.

TOUR A BITORD = Carretel para meollar.

TOUR DE LOCH = Carretel para corredera.

TOUR A FEU (*véase* PHARE).

TOURBILLON = Remolin.

TOURET POUR ROULER LE FIL DE CARET DANS UNE COR-
DERIE = Carretel.

TOURILLONS, TENONS D'ANCRE = Las orejas.

TOURMENTE, OURAGAN, TEMPÊTE = Huracan ó
Uracan.

TOURMENTER, *bâtiment qui a le défaut de se tourmenter
à la mer* = Trabajar.
    BATIMENT QUI SE TOURMENTE = Barco tormentoso.

TOURMENTIN, PETIT FOC = Trinquetilla.

TOURNAGE, TAQUET DE TOURNAGE = Cornamusa.

TOURNER, AMARRER = Amarrar, Dar vuelta.
    TOURNER *ou* RENVERSER = Voltar, Tornar.
    TOURNER L'HORLOGE, TOURNER LE SABLIER = Cambiar
    ampolleta.

TOURNEVIRE = Virador de cubierta, Virador de combes.
    GARCETTES DE TOURNEVIRE = Mogeles.
    POMMES *ou* BOUTONS DE TOURNEVIRE = Barriletes del
    virador de cubierta.

TOURNIQUET, VIROLET; *en général tout rouleau que*
l'on place à bord = Molinete.

TOUS D'UN TEMPS! = Todos juntos!

TRABAQUE, *sorte de bâtiment en usage sur la Méditer-*
ranée = Saetia.

TRAINE = Rastra.
    RENTRER LES TRAÎNES, METTRE LES TRAÎNES DEDANS
    = Quitar las rastras.
    TRAÎNE, *dans une corderie* = Carro.

TRAINÉES D'UN BRULOT = Canales de un brulote

TRAITEMENT DE TABLE = Gratificacion de mesa.

TRANSFILER UN CADRE = Trincafiar un catre.

TRANSPORT, BATIMENT DE TRANSPORT = Barco de transporte.

TRANSPORT DE MARCHANDISES PAR MER = Transporte de mercancías por mar.

TRAVAIL DU BORD, TOUTE ESPÈCE DE TRAVAIL QUI SE FAIT A BORD = Faena, las faenas de bordo.

TRAVAILLER, ÉQUERRER UNE PIÈCE DE BOIS = Trabajar á la línea ó Agalibar.

TRAVERS, ÊTRE PAR LE TRAVERS D'UN BATIMENT = Estar de traves con un barco.

ÊTRE A TRAVERS DES LAMES = Estar al traves entre las olas.

VENIR EN TRAVERS = Estar en traves.

METTRE EN TRAVERS, PRÉSENTER LE TRAVERS, S'ENTRAVERSER = Poner en facha, Poner al payro, Atravesarse.

VENT PAR LE TRAVERS = Viento por la quadra.

ÊTRE EN TRAVERS AU VENT = Estar atravesado al viento.

TRAVERSÉE = Viage, Travesía.

TRAVERSER UNE ARMÉE = Atravesar una armada.

TRAVERSER UNE LIGNE = Atravesar una línea.

TRAVERSER LA LAME = Atravesar las olas.

TRAVERSER UN VAISSEAU ou S'ENTRAVERSER DEVANT UN FORT = Acoderarse delante de un castillo.

TRAVERSER DES VOILES AU VENT = Aquartelar unas velas.

TRAVERSER LA MISAINE = Aquartelar el trinquete.

TRAVERSIER, VENT TRAVERSIER, *d'un port*, *d'une baie* ou *d'une côte* = Viento de travesía.

TRAVERSIÈRES, BARRES TRAVERSIÈRES DE HUNE (*véase* BARRES).

TRAVERSIN D'UNE CHALOUPE = Cadena de una lancha.

TRAVERSIN D'ÉCOUTILLE, GALIOTE D'ÉCOUTILLE = Galeota de escotilla.

TRAVERSIN DE LINGUET = Taco de linguete.

TRAVERSINS DE HUNE = Crucetas de cofa.

TRAVERSINS DES BITTES = Crucetas de las bitas.

TRAVERSINS DES BAUX *ou* BARROTINS = Atravesaños de los baos ó de las latas, Entremiches.

TRAVERSINS *ou* MARCHEPIEDS PLACÉS DANS UN BATIMENT A RAMES, POUR LES PIEDS DES RAMEURS = Pedestales ó Peañas.

TRÉLINGAGE = Jareta.

QUENOUILLETTES DE TRÉLINGAGE = Pernadas para la jareta del pie de las arraygadas.

TRÉLINGAGE DES HAUBANS = Jareta de los obenques.

TRÉLINGAGE DE LA BOUÉE = Guarnicion de la boya.

TRÉLUCHER, CHANGER LES VOILES LATINES EN VIRANT DE BORD = Cambiar las velas latinas virando de bordo.

TRÉMUE = Caxa ó Canal de planchas.

TRÉOU, VOILE DE TRÉOU = Vela de treo.

TRÉSILLON = Torton.

TRÉSILLONER = Trincar con torton.

TRESSE, *en général, faite en fil de caret* = Cajeta.

TRESSE FAITE DE NEUF FILS DE CARET = Cajeta de nueve filásticas.

PETITE TRESSE EN TROIS = Trinela.

PELOTTE DE TRESSE = Ovillo de cajeta ó de trinela.

TRÉVIRE = Tiravira.

TRIANGLE, ÉCHAFAUD EN TRIANGLE *pour travailler le long des mâts* = Guíndola.

PLANCHES POUR FAIRE UN ÉCHAFAUD EN TRIANGLE = Tablas de guíndola.

TRIBORD = Estribor.

    Le côté de tribord = La banda de estribor.

    Tribord la barre! = Estribor la caña!

    Tribord un peu! = Estribor un poco!

    Tribord tout! = Estribor todo!

    Nage tribord! = Boga estribor!

TRIBORDAIS = Guardia de estribor.

TRINQUETTE, petit foc = Trinquetilla ó Vela de estay de trinquete.

TROMBE de vent = Manga de viento.

TROU ou mortaise dans laquelle s'encastre le ton du mat = Tinaja del tamborete.

    Trou dans la caisse d'un mat de hune pour la clé = Caxera.

    Trou d'une barre dans la tête d'un cabestan = Bocabarra.

    Trou du chat = Boca de lobo.

    Trou ou canal dans un chouquet pour passage du mat de hune = Boca de lobo del tamborete.

    Trou d'écoute = Escotera de amura, Buraco de escota.

    Trou de rat dans un bordage = Enratadura.

    Les trous ou les yeux de la civadière = Los desaguaderos.

US

Us et coutumes de mer = Usos y costumbres de la mar.

VAI

Va, a Dieu va! = Allá vá con Dios!

    Va et vient, *cordage* = Andaribel.

VAGUES = Olas.

VAIGRAGE ou vaigre = Empañado.

Bordages du vaigrage = Tablas del empañado.

Vaigrage d'une petite embarcation *ou* d'une barque = Pañas.

VAIGRER = Poner el empañado, Forrar.

VAIGRES = Tablas del empañado.

Vaigres d'empature = Palmejares, Forro.

Vaigres dessus et dessous, les vaigres d'empature = Contra-palmejares.

Vaigres de fond = Forro del pantoque.

VAISSEAU = Navío.

Vaisseau qui est a l'ancre *ou* au mouillage = Navío anclado.

Vaisseau en armement = Navío en armamento.

Vaisseau arqué = Navío quebrado.

Vaisseau qui est sur l'arrière = Navío que está metido de popa.

Vaisseau qui est sur l'avant *ou* sur le nez = Navío que está metido de proa.

Vaisseau de bas bord = Navío de baxo bordo.

Vaisseau bon boulinier, vaisseau qui est sourd au vent = Navío que barloventea bien, Navío que bolinea bien.

Vaisseau de charge = Navío de carga.

Vaisseau commandant = Navío comandante.

Vaisseau de compagnie = Navío de compañía.

Vaisseau de la compagnie des Indes = Navío de la compañía de las Indias.

Vaisseau en construction = Navío en construccion.

Vaisseau corsaire = Navío corsario.

Vaisseau croiseur, vaisseau en croisière = Navío crucero.

Vaisseau dégréé, dégarni = Navío desaparejado.

Vaisseau dématé = Navío desarbolado.

VAISSEAU DÉSARMÉ = Navío desarmado.

VAISSEAU DÉSEMPARÉ = Navío desmantelado.

VAISSEAU DROIT = Navío derecho.

VAISSEAU QUI FAIT EAU, *qui a plusieurs voies d'eau* = Navío que hace agua.

VAISSEAU QUI NE FAIT PAS D'EAU = Navío que no hace agua.

VAISSEAU ENNEMI = Navío enemigo.

VAISSEAU QUI A BEAUCOUP D'ENVERGURE = Navío que tiene mucho cruzámen.

VAISSEAU ÉTANCHE = Navío estanco.

VAISSEAU FIN, VAISSEAU QUI A LES FONDS FINS = Navío fino.

VAISSEAU DE GARDE = Navío de guardia.

VAISSEAU GARDE-CÔTE = Navío guardacosta.

VAISSEAU A GROS AVANT = Navío muy lleno de proa.

VAISSEAU DE GUERRE = Navío de guerra.

VAISSEAU DE HAUT BORD = Navío de alto bordo.

VAISSEAU HÔPITAL = Navío de hospital.

VAISSEAU DE LIGNE = Navío de línea.

VAISSEAU MARCHAND = Barco ó Navío mercantil.

VAISSEAU MARCHAND A TROIS MATS = Fragata mercantil.

VAISSEAU MATELOT = Navío matelote.

VAISSEAU NÉGRIER = Navío para el trato de los negros.

VAISSEAU NEUTRE = Navío neutral ó neutro.

VAISSEAU PARLEMENTAIRE = Navío parlamentario.

VAISSEAU A TROIS PONTS = Navío de tres puentes.

VAISSEAU QUI PORTE BIEN LA VOILE = Navío que está duro á la vela.

VAISSEAU A POUPE CARRÉE, A CUL CARRÉ = Navío con popa llana.

VAISSEAU A POUPE RONDE = Navío con popa de cucharro *ó* redonda.

VAISSEAU EN RADE = Navío en bahía.

VAISSEAU DU PREMIER RANG = Navío de primera andana.

VAISSEAU DU SECOND RANG = Navío de segunda andana.

VAISSEAU RAS = Navío plano.

VAISSEAU RASÉ = Navío rebaxado.

VAISSEAU DU ROI = Navío del Rey.

VAISSEAU QUI TANGUE BEAUCOUP = Navío cabeceador.

VAISSEAU SANS AUCUNE DIFFÉRENCE DE TIRANT D'EAU = Navío que está en aguas iguales.

VAISSEAU QUI TIRE BEAUCOUP D'EAU = Navío que está muy calado.

VAISSEAU DE TRANSPORT = Navío de transporte.

VAISSEAU A LA VOILE *ou* SOUS VOILES = Navío á la vela.

VAISSEAU BON VOILIER, VAISSEAU QUI SE COMPORTE BIEN A LA MER = Navío velero.

VAISSEAU MAUVAIS VOILIER = Navío que no es buen andador, Navío porron.

LE VAISSEAU A MANQUÉ *ou* REFUSÉ DE VIRER = El navío ha faltado de virar.

LE VAISSEAU OBÉIT A SON GOUVERNAIL = El navío obedece al timon.

LE VAISSEAU NE SENT POINT SON GOUVERNAIL = El navío está duro á gobernar.

LE VAISSEAU SE RELÈVE, SE REDRESSE = El navío se adriza.

OÙ VA LE VAISSEAU? = Adonde va el navío?

D'OÙ VIENT LE VAISSEAU? = De donde viene el navío?

VALET, MAÎTRE-VALET = Ayudante del despensero.

VALET POUR CANON = Taco para cañon.

Valet de menuisier = Varlete.

VARANGUE, membre d'un navire = Varenga.

Maîtresse varangue = Varenga maestra.

Varangues acculées = Varengas levantadas, Piques, Piques capuchinos.

Varangues demi-acculées = Varengas poco levantadas.

Varangues du milieu, celles qui ont le moins d'acculement = Varengas llanas ó planes.

Varangues de porques = Planes de las bularcamas.

VARIATION de l'aiguille = Variacion de la aguja.

Variation N E, N O. = Variacion N E, N O.

VASARD, fond vasard = Fondo de fango.

VASE = Lama.

Vase dure = Lama dura.

Vase molle = Lama blanda.

VASSOLES des écoutilles = Brazolas y Esloras de las escotillas.

Nota. On nomme *Brazolas* celles qui sont en travers, et *Esloras* celles en long.

VEILLE, ancre a la veille = Ancla á la pendura.

Bouée a la veille = Boya á la pendura.

Bouée qui veille = Boya que vela.

VEILLER = Cuidar, Tener cuidado.

Veille aux écoutes! = Cuidado con las escotas! Listo á las escotas!

Veille aux écoutes de hune! = Listo á los escotines!

Roche qui veille = Roca que vela.

VÉLIQUE, point vélique = Punto vélico.

VENIR a la demande, venir a l'appel d'un cordage = Venir en demanda.

Venir au vent, loffer = Venir de orza ó Venir de loo, Orzar, Ceñir el viento.

Venir debout au vent = Venir con el viento por la proa.

Venir vent arrière = Venir con viento en popa.

Ne viens pas au vent! = No vienes al viento!

Ne viens pas sur tribord! = No vienes sobre estribor!

VENT = Viento.

Vent alisé *ou* de la mousson = Viento general.

Vent arrière *ou* vent en poupe = Viento en popa.

Vent qui bat en côte = Viento de travesía.

Vent contraire = Viento contrario.

Vent debout, vent devant = Viento por la proa.

Vent de l'Est = Viento del Este.

Vent fait = Viento formado.

Vent joli frais = Viento fresco.

Grand frais de vent = Frescachon.

Petit frais de vent = Viento bonancible.

Vent franc = Viento franco.

Vent du large = Viento del largo.

Vent largue = Viento largo, Viento abierto.

Vent grand largue = Viento á la quadra.

Vent de mer = Virazon, Viento del mar ó de fuera.

Vent du Nord = Viento del Norte.

Vent de l'Ouest = Viento del Oeste.

Vent de telle partie = Viento de tal parte.

Vent au plus près = Viento escaso.

Vent du Sud = Viento del Sud.

Vent tenace a la même partie = Viento entablado.

Vent de terre = Viento terral, Viento de tierra.

Vent traversier = Viento de travesía.

Vent variable = Virazon de viento, Viento variable.

Au vent = A barlovento.

Bon vent = Buen viento.

Côté du vent = Costado de barlovento.

Coup de vent = Temporal.

Courir vent arrière = Navegar con viento en popa.

Être vent dessus, vent dedans = Estar en facha, al payro.

Gagner le vent, avoir le vent = Ganar ó Grangrear el barlovento.

Gros vent lourd = Ventarron, Ventarron recio.

Le vent a calmé; il y a un calme plat, le vent est au conseil = El viento está en calma.

Le vent change = El viento cambia, El viento salta.

Le vent fraîchit = El viento va refrescando.

Le vent mollit = El viento abonanza.

Le vent est a pic; il n'y a plus de mer = El viento es á pique.

Le vent reprend, recommence a souffler de la même partie = El viento recala.

Les vents viennent de terre = Los vientos vienen de tierra.

Se maintenir au vent = Mantenerse al viento.

Reprise de vent = Recalada de viento.

Saute de vent = Travesía ó Contraste de viento.

Serrer le vent = Ceñir el viento.

Sous le vent = A sotavento.

Tomber sous le vent = Sotaventarse, Ir á la ronza.

Sous le vent de la côte, a l'abri de la côte = Al socaire de la costa.

Vaisseau sous le vent = Navío á sotavento.

Venir debout au vent = Venir con el viento por la proa.

D'où vient le vent? = De donde viene el viento?

VENTER = Ventear.

VER de mer qui pique le bois de la carène = Broma.

Être piqué des vers = Estar pasado de broma.

VERGE d'ancre = Caña del áncla.

 Verge *ou* fut de girouette = Espiga de grimpolon.

 Verge *ou* gaule de pompe = Vara ó Asta de hierro para bomba.

VERGUE = Verga.

 Grande vergue = Verga mayor.

 Vergue de misaine = Verga de trinquete.

 Vergue de grand hunier = Verga de gavia.

 Vergue de petit hunier = Verga de velacho.

 Vergue de grand perroquet = Verga de juanete mayor.

 Vergue de grand perroquet volant = Verga de sobrejuanete mayor.

 Vergue de petit perroquet = Verga de juanete de proa.

 Vergue de petit perroquet volant = Verga de sobrejuanete de proa.

 Vergue d'artimon, pic *ou* corne d'artimon = Verga de mesana.

 Vergue sèche *ou* barrée = Verga seca.

 Vergue de perroquet de fougue = Verga de sobremesana.

 Vergue de perruche = Verga de periquito ó de juanete de sobremesana.

 Vergue de civadière = Verga de cebadera.

 Vergue de contre-civadière = Verga de sobrecebadera.

 Vergue de bonnette = Verga de ala.

 Vergue a corne = Pico.

 Vergue de fortune = Verga de treo, Verga de fortuna.

Vergue de paille-en-cul *ou* de tangon = Verga de maricangaya.

Vergue de rechange = Verga de respeto.

Vergues quarrées = Vergas redondas.

VERIN, *espèce de cric* = Gato, Usillo, Tornillo.

VERINE, cartahu, va-et-vient = Andaribel.

VIBORD, entre-deux des gaillards = Plaza de armas.

Lisse de vibord = Galon de borda, Escaño.

VICE-AMIRAL = Teniente General de marina.

VIDER l'eau du canot a l'aide d'un escope a main = Achicar el agua del bote con un vertedor.

VIGIE, danger = Vigía, Baxío.

Vigie, guetteur = Vigía.

Être en vigie au haut d'un mat = Estar de tope.

VIF de l'eau *ou* vive eau (*véase* eau).

VINDAS, virevaut = Molinete.

VIOLONS de beaupré = Cacholas del bauprés ó Aletas del bauprés.

VIREMENT de bord = Virada de bordo.

VIRER = Virar.

Virer sur l'ancre = Virar sobre el áncla.

Virer au cabestan = Virar al cabrestante.

Virer le cable avec le cabestan = Virar el cable con el cabrestante.

Virer le cable avec la tournevire = Virar el cable con el virador de cubierta.

Virer le cable avec le virevaut = Virar el cable con el molinete.

Virer a pic = Virar á pique.

Virer de bord = Virar de bordo.

VIRER VENT ARRIÈRE = Virar por redondo.

VIRER VENT DEVANT = Virar por delante.

VIRER PAR LA CONTRE-MARCHE = Virar por la contramarcha.

MANQUER A VIRER = Faltar la virada.

PARE A VIRER! = Apareja á virar!

VIRER UN VAISSEAU EN QUILLE = Carenar descubriendo la quilla.

VIREVAUT = Molinete.

FLASQUES DU VIREVAUT = Ochavas del molinete.

VIROLE POUR LES CHEVILLES = Anillo para pernos.

VIRURE DE BORDAGES = Hilera de tablas.

VIS DE RAPPEL DE L'OCTANT = Micrómetro.

VISITE DE VIVRES = Visita de víveres.

PROCÈS-VERBAL DE VISITE = Declaracion de visita.

VISITER UN BATIMENT, RECONNAÎTRE UN BATIMENT A LA MER = Reconocer un barco á la mar.

VISITER LES VIVRES = Reconocer los víveres.

VIVIER = Vivero.

VIVRES = Víveres.

VIVRES DE CAMPAGNE = Víveres de campaña.

VIVRES DU JOURNALIER = Víveres de diario.

AVOIR N JOURS DE VIVRES = Tener por N dias de víveres.

FAIRE SES VIVRES = Hacer ó Tomar víveres.

DONNER DES VIVRES A UN HOMME = Dar víveres á un hombre.

MUNITIONNAIRE DES VIVRES DE LA MARINE = Proveedor de los víveres de marina.

COMMIS AUX VIVRES, MAÎTRE-COMMIS = Maestre de víveres.

VIVRIER

VIVRIER, BATIMENT VIVRIER = Barco que lleva víveres.

VOGUE-AVANT = Bogavante.

VOGUER, RAMER, ALLER A L'AVIRON = Bogar, Ir al remo.

VOIE D'EAU = Agua.
  AVOIR UNE VOIE D'EAU, FAIRE DE L'EAU = Tener una agua, Hacer agua.
  AVEUGLER UNE VOIE D'EAU (*véase* AVEUGLER).

VOILE = Vela.
  VOILE AURIQUE = Vela de cangreja.
  VOILE D'ÉTAI = Vela de estay.
  VOILE DE FORTUNE = Vela de fortuna.
  VOILE LATINE = Vela latina.
  VOILE A LIVARDE = Vela de abanico.
  VOILE QUARRÉE = Vela de cruz, Vela redonda.

  Noms des voiles d'un vaisseau de guerre = Nombres de las velas de un navío de guerra.

  LA GRAND' VOILE = La vela mayor.
  LA VOILE DE MISAINE = La vela de trinquete.
  LA VOILE D'ARTIMON = La vela de mesana.
  LA VOILE DU GRAND HUNIER = La vela de gavia.
  LA VOILE DU PETIT HUNIER = La vela de velacho.
  LA VOILE DE PERROQUET D'ARTIMON *ou* LE PERROQUET DE FOUGUE = La vela de sobremesana.
  LA VOILE DE GRAND PERROQUET *ou* LE GRAND PERROQUET = La vela de juanete mayor.
  LA VOILE DU PETIT PERROQUET *ou* LE PETIT PERROQUET = La vela de juanete de proa.
  LA VOILE DE GRAND PERROQUET VOLANT *ou* LE GRAND PERROQUET VOLANT = La vela de sobrejuanete mayor.

LA VOILE DE PETIT PERROQUET VOLANT *ou* LE PETIT PERROQUET VOLANT = La vela de sobrejuanete de proa.

LA VOILE DE LA PERRUCHE D'ARTIMON *ou simplement* LA PERRUCHE = La vela de periquito.

LA GRANDE VOILE D'ÉTAI = La vela de estay mayor.

LA VOILE D'ÉTAI D'ARTIMON *ou* FOC D'ARTIMON = Vela de humo *ó* Vela de estay de mesana.

LA GRANDE VOILE D'ÉTAI DE HUNE *ou* LA VOILE D'ÉTAI DU GRAND HUNIER = La vela de estay de gavia.

LA PETITE *ou* SECONDE VOILE D'ÉTAI DE HUNE *ou* CONTRE-VOILE D'ÉTAI DU GRAND HUNIER = La vela de estay volante.

LA VOILE D'ÉTAI DE GRAND PERROQUET = La vela de estay del juanete mayor *ó* Vela volante.

LA VOILE D'ÉTAI DU PERROQUET DE FOUGUE *ou* LA VOILE D'ÉTAI DE FOUGUE *ou* LE DIABLOTIN = La vela de estay de sobremesana.

LA VOILE D'ÉTAI DE LA PERRUCHE = La vela de estay de periquito.

LA VOILE D'ÉTAI DE LA PERRUCHE VOLANTE = La vela de estay de sobreperiquito.

LA VOILE DE CIVADIÈRE = La vela de cebadera *ó* cebo.

LA VOILE DE CONTRE-CIVADIÈRE = La vela de contra-cebadera *ó* contracebo.

LA VOILE DE PAILLE-EN-CUL = La vela maricangaya *ó* Ala de mesana.

LES VOILES DE BONNETTES *ou* BONNETTES (*véase* BON-NETTE).

   Parties et accessoires d'une voile = Partes y accesorios de una vela.

CHUTE D'UNE VOILE = Caida de una vela.

Le fond d'une voile = El seno de una vela.

Les garcettes de ris = Los rizos.

Les herseaux = Los garruchos.

Œil de pie pour les ris = Ollado de los rizos.

Pattes des voiles = Dados de las velas.

Le point = El puño.

Les rabans d'envergure = Envergues.

Les rabans de ferlage = Tomadores.

Les rabans de pointure = Empuñiduras.

Ralingues = Relingas.

Ralingue de chute = Relinga de la caida.

Ralingue du fond = Relinga del pujámen.

Ralingue de têtière = Relinga del gratil.

Renforcer les coutures d'une voile = Recoser las costuras de una vela.

Les ris = Los rizos.

Bandes de ris = Faxas de rizo.

Tablier d'un hunier = Batidero de una gavia.

Bordure d'une voile (*véase* bordant).

Envergure d'une voile = Gratil de una vela.

Voile amenée = Vela arriada.

Voile amurée = Vela amurada.

Voile appareillée = Vela orientada.

Voile bordée = Vela cazada.

Voile capelée sur une vergue *ou* sur un étai par le vent = Verga encapillada.

Voile carguée = Vela cargada.

Voile coîffée *ou* sur le mat = Vela en facha.

Voile déferlée = Vela largada.

Voile défoncée = Vela rifada.

Voile déralinguée = Vela deralingada.

Voile pleine = Vela llena ó aguantada.

Voile de rechange = Vela de respeto.

VOILE SERRÉE = Vela aferrada.

LA VOILE FASIE *ou* FASEYE = La vela toca ó flamea.

LA VOILE PORTE = La vela porta.

LA VOILE NE PORTE PAS = La vela no porta.

LES VOILES DE L'ARRIÈRE = Las velas de popa.

LES VOILES DE L'AVANT = Las velas de proa.

LES VOILES HAUTES = Las velas altas.

LES BASSES VOILES = Las velas mayores, Las velas baxas.

LES VOILES DE FOCS (*véase* FOC).

ÊTRE SOUS VOILE = Estar á la vela.

METTRE SOUS VOILE, FAIRE VOILE = Dar á la vela, Hacerse á la vela.

METTRE TOUTES VOILES DEHORS = Hacer toda fuerza de vela.

DIMINUER DE VOILES = Acortar de velas.

JEU DE VOILES = Juego de velas.

VOILERIE = Obrador de velas.

VOILIER, OUVRIER = Velero.

BON VOILIER = Buen velero.

MAÎTRE VOILIER = Maestro velero.

BATIMENT BON VOILIER, MARCHEUR = Barco velero, Barco buen andador.

BATIMENT MAUVAIS VOILIER = Barco mal velero, Barco poco andador ó poco velero.

VOILURE, *tout ce qui a rapport aux voiles d'un navire* = Velámen.

GRANDE VOILURE = Velámen grande.

ÉTAT DE LA VOILURE = Estado del velámen.

TOUTE LA VOILURE EST BONNE = Todo el velámen está bueno.

LE BATIMENT A SA VOILURE COMPLÈTE = El barco tiene su velámen completo.

RÉGLER SA VOILURE = Arreglar su velámen.

ETRE SOUS LA MÊME VOILURE = Estar sobre el mismo velámen.

DIMINUER, AUGMENTER SA VOILURE = Acortar, Aumentar su velámen.

VOIX, DONNER LA VOIX, AGIR A LA VOIX = Salomar.
A LA VOIX! = Listo!
SALUER DE LA VOIX = Saludar con la voz.

VOLAGE, CANOT VOLAGE = Bote zeloso.

VOLÉE DE CANON = La caña del cañon.
VOLÉE DE COUPS DE CANON = Descarga de cañonazos.
TIRER PAR VOLÉES = Tirar por descargas de cañonazos.

VOLET, PETIT COMPAS = Aguja de bote.

VOLONTAIRE = Voluntario.

VOMIR LES ÉTOUPES = Aventar estopas.

VOUTE DE LA POUPE D'UN VAISSEAU = Bóveda.
GRANDE VOUTE = Bóveda grande.
PETITE VOUTE = Bóveda pequeña, Bovedilla.
VOUTE DE LA GALERIE = Bóveda del corredor.
VAISSEAU QUI A UNE GRANDE VOUTE = Navío que tiene una bóveda grande.

VOYAGE = Viage.
VOYAGE DE LONG COURS = Viage largo.

VRILLE A CANON = Barrena de caracolillo por el oido de los cañones.
VRILLE DE CHARPENTIER = Barrena de gusano.

VUE, TERRE EN VUE = Tierra en vista.
VUE DE CÔTE = Vista de costa.

YAK, SORTE DE BATIMENT ANGLAIS = Yaque, especie de barco Inglés.

YEUX DE PIE *ou* ŒILLETS DES VOILES = Ollaos *ú* Ollados de las velas.

YOLE, PETIT CANOT = Chinchorro ó Canoa.

Fin de la première Partie.

ERRATA.

Page 4 *ligne* 27 , *dites* Dar andar *au lieu de* Dar ayre.

— 9 *lig.* 29, *dites* Amaynar *au lieu de* Ameynar.

— 11 *lig.* 29, *dites* ha alargado *au lieu de* larga.

— 14 *lig.* 26, *dites* Balestrilla *au lieu de* Balestilla.

— 16 *lig.* 6, *dites* Botabarras *au lieu de* Botabarcas.

— 19 *lig.* 28, *dites* ESPÉRER N VAISSEAUX = Aguardar N navíos
au lieu de N de.

— 22 *lig.* 17, *dites* de sondaleza *au lieu de* de sonda.

— 25 *lig.* 15, *dites* Arriba *au lieu de* Arriva.

— 26 *lig.* 5, *dites* Baxio *au lieu de* Baxo.

— 31 *lig.* 9, *dites* para metralla *au lieu de* por metralla.

— 33 *lig.* 30, *dites* cazar el trinquete *au lieu de* cazar la mesana.

— 35 *lig.* 15, 17 *et* 19, *dites* horizontal *au lieu de* orizontal.

— 35 *lig.* 28, *dites* francesa *au lieu de* francés.

— 43 *lig.* 6, *dites* El cable tiene una vuelta *au lieu de* toma vuelta.

— 51 *lig.* 20, *dites* carga *au lieu de* cargas.

— 67 *lig.* 15, *dites* de conserva *au lieu de* en conserva.

— 69 *lig.* 28, *dites* excluida *au lieu de* escluida.

— 70 *lig.* 25, *dites* dos *au lieu de* duas.

— 71 *lig.* 20, *dites* Barrado *au lieu de* Barado.

— 71 *lig.* 23, *dites* Barrar *au lieu de* Barar.

— 72 *lig.* 15, *dites* con bala ó *au lieu de* con bala á.

— 76 *lig.* 5, *dites* Gambotas *au lieu de* Gambotes.

— 77 *lig.* 18, *dites* calafatear *au lieu de* calfatear.

— 82 *lig.* 5, *dites* Descargamento *au lieu de* Descargamiento.

— 85 *lig.* 24, *dites* DÉPARTEMENT DE MARINE = Departamento de
marina.

— 88 *lig.* 3, *dites* Detall *au lieu de* Detalle.

— 88 *lig.* 14, *dites* Arriar *au lieu de* Arribar.

— 92 *lig.* 32, *dites* los dias de demora ó demoraje *au lieu de* las
dias de demora, Demoraje.

— 98 *lig.* 10, *dites* guiñada *au lieu de* guiñadas.

—100 *lig.* 21, *dites* Bota *au lieu de* Vela.

—102 *lig.* 17, *dites* cosas *au lieu de* causas.

—107 *lig.* 19, *dites* à reclamar *au lieu de* arreclamar (*voyez* RE-
CLAMAR *à la partie espagnole.*

—107 *lig.* 30, *dites* Apagar una vela con trapas.

—108 *lig.* 8, *dites* SE FAIRE DE L'AVANT *au lieu de* SE FAIRE
DE L'ARRIÈRE.

—110 *lig.* 3, *supprimez les mots* al viento.

—111 *lig.* 8, *dites* Factorería *au lieu de* Factoria.

—112 *lig.* 19, *dites* adelantado *au lieu de* atrasado.

Page 113 *lig.* 21 , *dites* Baos del sollado *au lieu de* Baos del sollaro.

—125 *lig.* 18, *dites* surgidero *au lieu de* fondadero.

—133 *lig.* 1, *dites* Cucharros , Tablones de galima.

—136 *lig.* 20, *dites* es mala *au lieu de* está mala.

—149 *lig.* 13, *dites* QUARANTENIER *au lieu de* QUARANTAINIER.

—155 *lig.* 17, *dites* Cilindro *au lieu de* Cilindrio.

—157 *lig.* 26, *dites* Pantalla *au lieu de* Pentalla.

—161 *lig.* 12, *dites* OFFICIER MARINIER *au lieu de* OFFICIER DE MER.

—161 *lig.* 30, *dites* Sallar *au lieu de* Salir.

—164 *lig.* 32, *dites* agarró *au lieu de* agarra.

—168 *lig.* 4, *dites* que no es *au lieu de* que no está.

—175 *lig.* 6, *dites* Palanquines *au lieu de* Amantes de los palanquines.

—177 *lig.* 29, *dites* Rebatir *au lieu de* Rebater.

—189 *lig.* 2, *dites* al orejo *au lieu de* á la oreja.

—190 *lig.* 18, *dites* es duro *au lieu de* está duro.

—191 *lig.* 1, *dites* Ser *au lieu de* Estar.

—174 *lig.* 19, *dites* del margen del sol al de la luna *au lieu de* de la margen del sol á la de la luna.

—196 *lig.* 22, *dites* LE QUART DE QUATRE A HUIT HEURES DU MATIN *au lieu de* QUATRE A SIX.

—206 *lig.* 27, *dites* Rembujar *au lieu de* Rebujar.

—207 *lig.* 9, *dites* Resistencia *au lieu de* Resistancia.

—212 *lig.* 1, *dites* Sabre, Alfange *au lieu de* Sable , Alfanje.

—213 *lig.* 15, *dites* Guardamancebos *au lieu de* Gardamancebos.

—213 *lig.* 20, *dites* Roñadas *au lieu de* Ronadas.

—225 *lig.* 19, *dites* Barrar *au lieu de* Varar.

—234 *lig.* 21, *dites* Por poco ha virado el navío *au lieu de* El navío ha faltado de virar.

—234 *lig.* 31, *dites* Despensero *au lieu de* Ayudante del despensero.

— 237 *lig.* 15, *dites* está á pique *au lieu de* es á pique.